易学散论

周　山　著

上海古籍出版社

目　录

前　言／1

《周易》：人类最早的类比推理系统／1

"自强不息，厚德载物"阐微
　　——关于华夏民族精神的若干思考／18

《周易》的文本结构及其言说方式／30

《周易》卦爻辞三议／49

《周易》中的防腐反腐智慧／62

《周易》中的男女伦理观／95

《乾》卦本义探微／115

朱熹《周易》研究得失论／129

马一浮的易学研究
　　——读《观象卮言》有感／147

熊十力《乾坤衍》辨正／166

前　言

　　本书中的这十篇文字,是我从《周易》研究三十多年时间里发表的文章中所选取。

　　记得1987年夏天,我在中国逻辑史研究会在成都举行的学术研讨会上,提出应重视《周易》思维方式的研究,得到了与会者的普遍赞同,于是有了1989年暑期在华东师范大学举行"《周易》思维方式研讨会"。我的第一本易学著作《易经新论》,也便在第二年由辽宁教育出版社出版。为什么称名"新论"? 我在该书前言中对《周易》的文化价值作了这样一种认定:"作为人类最早的一个符号推演系统和概念系统,它规范了中国文化的思维定势,作为推理工具的文化价值无疑居于首位。"这一观点,由当时的《人民日报》海外版向世界推介。从此,以逻辑的眼光审视、研究《周易》,就成为我数十年一以贯之的基本风格。

　　本世纪初,由温公颐、崔清田主编的《中国逻辑史教程》被国家教委列为普通高等教育"九五"国家级重点教材,教育部研究生办公室推荐为研究生教学用书。在修订再版时,由我建议并撰写了"《周易》的推类逻辑",作为中国逻辑史的起点,列为该书的第一章。

《周易》究竟是一本什么书?自古以来争论不断。自《易传》始,《周易》的本义究竟怎样?阐释之书汗牛充栋,实难定于一尊。最权威的《易传》,被称为"孔子之义";宋代程颐的《程氏易传》,被称为"程氏之义"。朱熹有鉴于此,著作《周易本义》,力图以他的阐释,还原周文王编著《周易》的本义。由于朱熹囿于《周易》本是一部占筮书的观念,对于《周易》作者假物取譬的义理用心,时有误读之失。由此可见真正读懂《周易》经文本义是一件多么困难的事情。

时至近现代,《周易》研究频频误入歧途。随着科举制度的废除,读书人再也不需要循规蹈矩地释读古经了,尤其随着疑古思潮的兴起,第一古经《周易》首当其冲,不仅成书年代的猜测层出不穷,经文释义更是五花八门。半个世纪之后,对《周易》文化价值的评判、对经文的释读兴起又一高潮,召开的研讨会、发表的文章、出版的著作,盛况空前。我躬逢其盛,也发文著述,申述自己对《周易》古经的性质、体系结构、经文解读,探索《周易》本义。

本书选集的前七篇文章,便是我对《周易》的性质、《周易》的文本结构及其言说方式、《周易》中歧议较多的一些卦辞爻辞的本义,以及《周易》中的一些卦辞爻辞在传统文化中的影响作用,所进行的探索分析。《周易》六十四卦的卦辞爻辞,是"以言明象",以例说的方式释义卦象爻象,所以,例说内容只是表面的释义,还不是《周易》的本义,透过例说的释义,进一步体悟其背后的深层次的涵意,才算摸索到了《周易》的本义。以《周易》的最后一个爻辞即《未济》卦的上九爻辞为例:"有孚于饮酒,无咎;濡其首,有孚失是。"满怀信心去饮酒,本没有错;饮酒过度,呕吐得满脸污秽,纵然信心再大也无济于事。这是例说的原意,通过这一例说所要表达的是:不能光凭信心去做力所不逮的事情;只有建立在实力的基础上,信心才有归宿,事业才能成功。这个由例说感悟到的思想,才是《周易》最后一卦上九爻辞的本义。只有这样的本义,才可以接续首卦《乾》初九爻辞"潜龙勿用",随着新的征程的开始,积聚力量的必要性。从每一例说中体悟本义,从六十四卦整体上把握本义,《周易》的本义才有可能徐徐展现于我们的面前。

后三篇是对古今易学者治易思想的评析。古代治易者,在我心目中以朱熹为最,不仅是朱熹对《周易》本义的理解较前人或同时代人深入,而且他的实事求是的治易态度折服了我。在学生面前,不端大学问家的架子,知之为知之,不知为不知;对于前贤的不当释义,直言其非,从而为学生治易树立了榜样。对近现代学者的治易评析,我选择了马一浮与熊十力。这两位都是公认为近现代最负盛名的大师级人物,且自视也甚高。不同的是,马一浮治易,是站在纯学术的角度;熊

3

十力治易，具有明显的政治色彩。治易的结果，也就显而易见。熊十力在《周易》作者、著作年代上颠覆前人所作的无据之谈，对《乾》《坤》两卦充满政治气息的随意作解，为近现代易学研究绽放了一朵奇葩，我们应该引以为诫。

无论我对《周易》本义的探索，还是对古今学人治易的评析，或有不妥之处，祈盼同好斧之。

《周易》：人类最早的类比推理系统

在中国学术界尤其是中国哲学史研究领域，《周易》这部流传了三千年之久而能完整地保留至今的古书，一直被现代学者视为占筮书而难登大雅之堂。一方面承认其为封建时期的官学典籍，一方面又认为是占筮书而弃之如敝屣，不能不说是中国思想史、中国哲学史研究中的一件憾事。上世纪六十年代末，台湾的劳思光先生在新编《中国哲学史》第一卷中，介绍了"《易经》中的'宇宙秩序'观念"。上世纪八十年代以来，《周易》开始为大陆学术界所注意，一是从中国哲学史研究队伍中分离出来、专门从事《周易》研究的学术群体，以《周易》流传本及地下发掘出来的《周易》竹书、帛书文本为主的易学研究，相继出版和发表的专著、论文，数量空前、质量很高；一是从逻辑学研究队伍中分离出来、专门从事中国逻辑史研究的学术群体，从逻辑学的角度审视和分析《周易》，相继出版和发表了一些专著和论文，并在二十一世纪初，将《周易》的逻辑思想作为中国逻辑史的起点，编写入国家级重点教材，由教育部研究生办公室推荐为高校研究生教学用书。尽管如此,在随后出版的一些中国思想史、中国哲学史专著或教材中,二十多年来所取得的易学研究成果并没有得到应有的重视和采纳。

本文有鉴于易学研究及中国逻辑史研究队伍中,一些学者对《周易》的逻辑属性产生歧见而作。本人不止一次发现,有学者在研究《周易》符号系统时,或隐或显地将其作为演绎系统加以分析讨论。最近读到一篇题为《卦象在逻辑推理中的应用研究》的文章,认为《周易》的"易卦中不仅有传统的易象逻辑形态而且有现代的数理逻辑形态。易卦若是除去神秘的象征意义,其卦象便是精良的推理工具。易卦是一种完备的二值逻辑体系,每一个卦象就是一组真值表。"(《周易研究》2009 年第 1 期第 83 页)这里且不去追究所谓的"传统的易象逻辑形态"是否即易卦"神秘的象征意义",只追究所谓的"有现代的数理逻辑形态"、卦象为"精良的推理工具"、易卦为"完备的二值逻辑体系""真值表"云云,可知是把《周易》当作演绎逻辑看待了。当然,该文作者在这之前还有一句"若是"之言:"易卦若是除去神秘的象征意义。"只是,易卦一旦除去象征意义,还是"易卦"、还是《周易》吗?

《周易》作为人类最早的符号系统,作为规范、影响华夏民族思维方式、帮助华夏子孙决疑解难的工具书,其逻辑属性自应从《周易》文本中去梳理,从三千年的流传史中去印证。

一、《周易》推理系统的三大组成部分

西方数理逻辑即符号逻辑的体系结构,大致包含三个组成部分:一是对象语言,即某种特定的人为的符号语言,这是需要被讨论的语言;二是语法语言,这是在讨论对象语言时所使用的语言,这种语言又称元语言;三是元元语言,是讨论元语言时所使用的语言。《周易》推理系统也包含有三个组成部分即三种语言,也可以借用西方符号逻辑中对三种语言的冠名加以表达,但是其属性与功能,则有所不同。

1. 对象语言:卦象爻象。《周易》是一个名符其实的符号推理系统,因为它的核心部分是六十四个六爻重卦(用数理逻辑中的语言表达叫做"符号集")。不仅这六十四个重卦都是需要讨论的对象,六十四卦中的每一个爻画也是需要讨论的对象。只有对所有的卦象和爻象都进行了讨论,我们才能真正理解《周易》这个符号系统。所以,六十四个重卦卦象及其爻象便是《周易》推理系统中的"对象语言"。读懂了这些对象语言,也就读懂了《周易》。

2. 语法语言:例如,六、九、初、上、阳爻、阴爻、内卦、外卦、经卦、复卦(重卦)、本卦、之卦、位、中、应、乘、承、据、比,等等。这些既是《周易》推理系统中的基本概念,也是解读《周易》中卦象爻象时必不可少的元语言。将这些元语言视为《周易》符号推理系统中的"语法语言",也是比较合适的。这些语法语言,对于一个初学者来说,还是需要解释才能明白的。按西方符号逻辑的说法,说明这些"语法语言"的语言被冠之以"元元语言"。但是在《周易》符号推理系统中,这类语言被淡化了,因为还有一种分量很重的自然语言可以取代,这就是卦名及其卦爻辞。

3. 自然语言:卦名、卦辞、爻辞。《周易》又被称为《易经》而榜列诸经之首,是因为卦名卦辞爻辞的缘故,卦辞爻辞就是《周易》的经文。魏晋玄学的旗手王弼说:"言者,明象者也";"言生于象,故可寻言以观象。"(《周易略例》)言,即自然语言,这里指卦名卦辞爻辞。意思是,卦名卦辞爻辞的作用是说明卦象爻象;这些自然语言是根据卦象爻象而写的,可以通过这些自然语言去认识卦象爻象所蕴含的意义。王弼的这一解读,不禁使我们联想到西方传统逻辑中的那些自然语言与抽象的逻辑格式关系,人们正是通过自然语言的具体内容,理解到了直言三段论的六十四式中为什么只有十九种有效式等逻辑知识。并且,人们一旦理解了这些逻辑知识,便可以忘掉那些具体例说性的自然语言,在以后的思维实践中只需记住这些逻辑知识而使正确的逻辑思维成为自觉。这也正如王弼所说的:"意以象尽,象以言著。故言者所以明象,得象而忘言;象者,所以存意,得意而忘象。"

但是,在上世纪三十年代,有一些怀着"与其信古,不如疑古、稽古"心态的学者,对《周易》中的这些经文的来历及其作用产生了怀疑。以研究《周易》著名的李镜池先生对《周易》卦、爻辞的成因作这样一个推测:"卦、爻辞乃卜史的卜筮记录,"所以,"卦、爻辞中,很有些不相连属的词句,……若硬要把它附会成一种相连贯的意义,那就非大加穿凿不可。"(《〈周易〉筮辞考》,载《古史辨》第三册上,1931 年 11 月版)这样的推测,自然不认可卦、爻辞是"言生于象"了。又经过三十多年的研究,二十世纪六十年代初,李镜池先生终于推翻了卦、爻辞乃"卜筮记录"的看法,不仅认识到卦、爻辞是出于编者的匠心编著,既反映了周人由原始社会到奴隶社会的历史现实,又发挥了编著者相当进步的哲学思想,而且认识到"卦名和卦辞全有关系。其中多数,每卦有一个中心思想,卦名是它的标题"(见氏著《周易卦名考释》,中华书局 1978 年 3 月版《周易探源》)。

虽然在认识上已经有了根本性改变,但是李先生还是没有把卦名、卦辞、爻辞与卦象爻象联系起来解读,没有认识到这些经过精心编著的自然语言是对卦象爻象这些对象语言的例说,有些卦辞、爻辞中,甚至并列有两个或三个例说。"明象"是这些自然语言的"本职工作";由于这些卦、爻辞是三千年前的自然语言,所涉内容反映了那个时期的先人在政治、经济、军事、教育、伦理、家庭等方方面面的生活与理念,便成为今人研究商周历史的最珍贵资料。

二、《周易》符号推理系统的类比属性

西方的符号推理系统都是演绎性质的,中国的《周易》符号推理系统则属于类比性质。

1. 初始符号的形成及其属性规定,决定了《周易》符号推理系统的性质必然是类比。构成《周易》符号系统的初始符号是阳爻—、阴爻— —。由这两个初始符号构建的《周易》中的六爻一组的卦象,也可称为符号组或符号集,源于由一至九的自然数构成的"数字卦"。据张政烺先生的考证研究,那些在新石器时期就已经被刻写在动物骨片上的"数字卦",因为一、二、三、四(古字为四横划)这四个数字,在自下而上的刻写之后很难将相邻数字加以区分,所以便出现了将三归入一、将二、四归入六;以后,又按奇、偶标准,将五、七、九归入一,将八归入六。这样,本来由九个自然数不同搭配构成的"数字卦",变成了只用一和六两个数字构成的卦,而这两种分别作为奇、偶数代表的符号,虽然仍是一与六这两个字形,实已不再是自然数而是爻画。它们也不仅仅是奇数、偶数的代表,而是阳与阴的代表、刚与柔的代表,等等。在战国楚墓中出土的竹简《周易》,甚至汉代马王堆出土的帛书《周易》中书写卦体的爻画,就是形同一、六而实为阳、阴爻画。由属性明确的这两个初始符号构造而成的卦体,自然也就有了确定

的含义，所以，不仅六十四个六爻卦体要称之为"卦象"，其中的每一个爻画，也要称之为"爻象"。

显而易见，《周易》符号系统里的初始符号，不同于西方符号系统里的那些没有属性内容、绝对抽象的初始符号。由绝对抽象的初始符号构建而成的推理系统，具有演绎性质；由属性明确的初始符号构建而成的推理系统，只能具有类比性质。

不仅初始符号如此，由初始符号构成的三爻一组的八个经卦，也分别具有阴、阳属性。其中，乾、震、坎、艮为阳卦，坤、巽、离、兑为阴卦。究其原因，阳卦的爻画段为三、五奇数（阴爻为二段、阳爻为一段），阴卦的爻画段为四、六偶数。这是初始符号源自奇、偶数的一种延续。八卦的阴、阳属性分类，又延伸出自然万物包括社会世事的分殊。不同的语境中，八卦象征着不同属性的物类。例如，对自然界的分类，乾、坤、震、巽、坎、离、艮、兑分别象征天、地、雷、风、水、火、山、泽。这八类事物的阴阳或刚柔属性也便根据八卦的属性而明确定位。而家庭成员的划分，就更明显了：乾为父、坤为母、雷为长男、巽为长女、坎为中男、离为中女、艮为少男、兑为少女。这些只是最常用的两种属性类比。在《易传》的《说卦》一文中，每一经卦都有二、三十个象征物。看似杂乱无章，其实所代表的阴阳、刚柔等属性并不杂乱，是先人长期生活实践中的经验与认识的积累。六爻重卦均由两个三爻经卦构成,其象征意义便蕴藏于八卦间的关系之中。

由八经卦构造出来的六爻重卦中,也包含着确定的属性因素,例如,初、三、五这三个爻位为阳位,二、四、上这三个爻位为阴位;其阴、阳之位的确定,也是奇、偶数的原因。一旦属性确定,就不再是数的属性而是阴阳、刚柔、男女等事物属性。阴阳位与阴阳爻之间的象征关系,遂成为解读爻象的一种根据,形成所谓的《周易》象数理论,成为《周易》类推中的逻辑理由。

2.卦名:上、下经卦关系的揭示。如同两个象形文字组合成一个象意文字一样,六爻重卦均由两个经卦构成,其象征意义便蕴含于这两个经卦所象征对象的关系之中。每一重卦的名字即卦名,便是对该卦所包含的上、下(或称内、外)两经卦关系或六爻卦象整体结构的象征意义的一种概括与揭示。以上、下两经卦之间关系所蕴意义为例:《咸》卦的下卦为艮上卦为兑,艮为少男兑为少女,象征少男以谦卑的姿态追求少女。"咸"同"感",这样的感情培养合乎自然,一定能顺利成功,所以卦辞为"亨";"咸亨"即一路亨通顺畅。《蛊》卦的下卦为巽、上卦为艮,长女主动追求少男,为"女惑男"之象,故卦名取"蛊"。有一部电影名为《落山风》,巽为风、艮为山,剧情讲的亦是长女追恋少男之事,盖取诸《蛊》卦之象。

3.卦辞、爻辞:类比性的例说。与卦名一样,卦辞爻辞根据卦象爻象而撰,是以例说的方法揭示卦象爻象所象征的意义。同样是例说,卦辞爻辞的例说功能与西方演绎逻辑中的自然语言的例说功能有本质上的不同。西方传统逻辑中的自然语言的例说功能,旨在揭示思维形式中的逻辑结构。以直言推理为例,"凡人皆有死,张三是人,故张三有死"这些自然语言,是要说明这种逻辑推理的形式结构。例说所要表达的是形式结构之"理"。卦辞爻辞所"明"的是卦爻之象,是要通过具体的例说揭示卦爻符号所象征的事物情况的普遍性意义和道理,是某种自然之理,即所谓的"义理"。因此,读者可以也必须由卦爻辞的例说而进入举一反三的推演,再由个别而升至一般,获得蕴藏在卦象爻象后面的意义。这种由卦爻辞的例说进而举一反三的推演,不是演绎推理而是触类旁通的类比推理。所以,卦辞爻辞不是推理的大前提,而是"明象"的例说。卦辞爻辞虽然只是一种例说,但是在类比推理中,例说的作用不可或缺。它是一座通向认知彼岸的桥。虽然过了河可以拆掉这座桥,但是登上彼岸之前离不开这座桥。这就是卦辞爻辞在《周易》符号推理系统中的地位与作用。

　　阴、阳初始符号,卦名与卦象的关系,卦辞爻辞对卦象爻象的例说属性,决定了《周易》符号系统的类比推理属性。

三、《周易》类推的主要方法

在思维实践中，作为官方文化中最具权威性的决疑解难的工具书，《周易》符号系统的类比推理究竟如何进行？与《周易》相隔时间最近的《左传》《国语》两部史书中记载的二十二个筮例，应是解开这个疑问的最有价值的史料。根据对这二十二个占筮和引用《周易》决疑解难的史料内容的解读，我们大致可以归纳出以下三种类推方法：

1. 根据卦象进行类比推理。在二十二条记录中，这样的推理共有四条。最早一条记录发生在公元前606年，《国语·周语》："单襄公……曰：'成公之归也，吾闻晋之筮之也，遇《乾》之《否》，曰：配而不终，君三出焉。'"晋国的赵穿杀掉晋灵公之后，将客居于周的成公接回来奉为晋国之君，晋人事先占了一卦，本卦为《乾》，初、二、三爻均为老阳，发生爻变为下坤上乾的《否》。《乾》的上卦象征天，下卦象征君；下卦三次爻变为坤，坤象征臣。在这里，占筮者以乾变为坤，类比成公此前的客居国外、由君变为臣的境遇。这是我国有历史记载的最早一个根据卦象类推的筮例。

另外二个据象类推的记载见于《左传》，其中一例发生在闵公二年即公元前600年，一例发生在昭公元年即公元前541年。后一例是这样记载的："晋侯求医于秦，秦伯使医和视之,曰:'疾不可为也,是谓近女室,疾如蛊。……'……赵孟曰:'何谓蛊?'对曰:'淫溺惑乱之所生也。于文皿虫为蛊;谷之飞亦为蛊;在《周易》女惑男、风落山谓之《蛊》☶☶,皆同物也。'"这是医和直接援引《蛊》的卦象,类比晋侯的病根在"近女色"、病情已"不可为也"。《蛊》卦上艮下巽,艮为少男、巽为长女,其象为"女惑男";又艮为山、巽为风,其象为"风落山"即风吹落山木。值得注意的是,医和在用卦象类比晋侯之疾时,并未通过占筮的仪式,而是直接援引卦象。由此可见,到了春秋末期,不仅筮官,甚至于官医这类知识分子,也已普遍掌握并熟练运用《周易》进行类比推理;医易相通,早已为先人所知。

最后一个据象类推的记载亦见于《左传》,发生于昭公三十二年即公元前 510 年:鲁昭公被季孙氏赶出,住在乾侯,最终死在那里。赵简子问史墨:为什么权臣将国君赶出去,不但老百姓不反对,其他诸侯还与他交往,难道季孙氏这样做没有罪吗? 史墨就以《周易》中的《大壮》卦象,类比季孙氏:《大壮》卦为上震下乾,震为臣、乾为君;震在乾上,就像臣在君上,臣的权势大,必然会欺凌其君。这是史官不用占筮就直接引用卦象由此及彼解人疑问的例子。

2. 根据卦辞爻辞进行类比推理。在二十二条记录中,这样的推理共有八条,是据象推理的一倍之数。其中最早的一条记录于《左传·宣公六年(公元前 603 年)》:"郑公子曼满与王子伯廖语欲为卿，伯廖告人曰：'无德而贪，其在《周易》《丰》䷶之《离》䷝，弗过之矣。'间一岁，郑人杀之。"《丰》卦的上爻由阴变阳，就成为《离》卦；根据一爻变则以本卦变爻辞占的推理规则，《丰》卦上六爻辞："丰其屋，蔀其家，窥其户，阒其无人，三岁不觌，凶。"是推论的依据。王子伯廖未明说这一爻辞，而是以"《丰》之《离》䷝"暗引这一爻辞，以此类推"无德而贪"的曼满同样会有这种人去屋空的祸患结局。

这类推理中的最晚一个筮例，载于《左传·哀公九年（公元前486年）》："宋公伐郑，……晋赵鞅卜救郑，遇水适火。……阳虎以《周易》筮之，遇《泰》䷊之《需》䷄，曰：'宋方吉，不可与也。微子启帝乙之元子也。宋郑甥舅也。祉禄也。若帝乙之元子归妹而有吉禄，我安得吉焉！'乃止。"同样是根据一爻变则以本卦变爻辞占的规则，阳虎以《泰·九五》爻辞"帝乙归妹，以祉，元吉"为类推依据，由和亲则吉，得出攻伐则不吉的结论，止住了伐宋这一军事行动。

在另外六个筮例中，两例是通过占筮以卦辞类推决疑解难，一例是通过占筮以爻辞决疑解难，两例是直接援引爻辞决疑解难，还有一例是通过占筮同时以卦辞、爻辞决疑解难。总起来看，运用爻辞决疑大大多于用卦辞决疑，这与爻变推理规则密切相关。

3. 卦象、卦辞爻辞结合推理。在二十二条记录中，这类推理共有十条之多。其中最早的一个筮例发生在鲁庄公二十二年,即公元前 672 年,而这十条记录中有七条记录都发生在公元前七世纪的中期。由此推测,《周易》符号系统的早期推理方法,是以卦象与卦名、卦辞爻辞相结合的综合性推理为主的。

《国语·晋语》中的一个筮例,颇具代表性:晋国的公子重耳欲借重秦国的力量取得晋国的政权,便亲自占了一卦,"得贞《屯》悔《豫》",即占遇《屯》卦而初爻、四爻、五爻分别由阳变阴、由阴变阳、由阳变阴,得之卦《豫》。筮史(专业人士)便根据卦象作类推,《屯》是上坎下震,变为《豫》之后,则为上震下坤,震为车,坎为险,坤为地;由《屯》变《豫》,类似车的下面是地而上面则是险。所以,筮史的类比理由是"闭而不通"结论是"不吉"。司空季子则不同意筮史的这一类比推论。他先对两个卦名作解:"《屯》,厚也;《豫》,乐也。"两名均为吉辞。接着,引述两个卦辞中的相同占断语:"利建侯。"说明重耳回归晋国建立侯业系上承天意。随后,季子结合卦象与卦辞进行解析:《屯》卦下震上坎,象征既有威力似雷霆的兵车,又有从之如流水的民众,表明其势丰厚,不仅可以为侯,还可以为诸侯的首领。《豫》卦下坤为母,上震为长男,系母老子强之象,是以卦名取"豫"字;下坤上震,又象征既有土地又有兵车,不仅可以建侯之业,而且居国则安乐、出征则威武,所以卦辞说"利建侯行师"。司空季子类推的结论是"二者得国之卦也"。

这一筮例的典型意义,是司空季子在类推决疑的时候,不仅应用了卦象,应用了卦名、卦辞,还以卦象释卦名、卦辞,从而做到了将象、辞融为一体,作为结论出台的理由。这样的类推结论,比那位筮史仅仅以卦象为根据的类堆结论,显然更有说服力。

四、影响《周易》类推结论有效性的几种因素

在《左传》《国语》的二十二条占筮类推记录中,有三次在占筮类推分析时发生了意见分歧。上文中的筮史与司空季子的不同意见之争,发生于公元前 636 年间,是目前所知占筮历史上最早的一次意见分歧。事实上,只要有占筮,就难免有意见分歧。例如,鲁国即将讨伐越国时,占了一卦,遇《鼎》卦,第四爻由老阳变阴,得之卦《蛊》,按筮法以本卦变爻辞即《鼎·九四》的"鼎折足,复公餗,其形渥,凶"为类推根据。子贡据此类推:行军用足,鼎折足预兆凶险,不宜出兵。他的老师孔子却根据"鼎折足"类推出不一样的结论:"越人水居,行用舟而不用足,故谓之吉。"(王充《论衡》)

类比推理的结论具有或然性。取象比类、触类旁通的《周易》推理系统,既是一种类推,其结论的或然性也就成为必然。因为或然,所以有异辞,上述一类争议也就难免。如何提高《周易》类推结论的有效性,一直是人们苦苦思考的问

题。本文认为,以下两种因素,对于《周易》类推结论有效性的提高,有着较大的影响作用。

1. 经验性。类比推理是将两个在某一点上或某一方面具有相同道理(属性)的事物,作由此及彼的推论。因此,推理者的经验直接关系到类推的合理性及其结论的有效性。在《周易》类推中,特别是在直接援引《周易》中的相关内容进行类比推理时,经验显得尤其重要。《周易》类推中的经验,主要包括两个方面:

一是对卦象象征意义的熟悉程度,对卦名、卦辞、爻辞内容的准确深刻的理解。司空季子对《屯》《豫》两卦卦象意义的揭示,对两卦卦名的分析,结合卦象对两卦卦辞的贯通,体现了他对《周易》内容的熟悉程度和精准把握程度远在专职人士之上。

二是对所询事物情况的全面、深入的了解和把握。在一般情况下,类推者的年龄大小,对人情世事的阅历深浅等等,都会直接影响到类推的质量。有时候,特定的生存状态和现实处境,也会对类推有效性具有一定的影响。例如,《左传》记录有一个筮例:鲁成公的母亲穆姜因与大夫叔孙侨如私通,并合谋废除儿子成公,事发后被迁禁于东宫。初迁时占了一卦,遇《艮》之《随》。按筮法,应以之卦不变爻占,即《随·六二》的"系小子,失丈夫"为类推根据,但是,史官出于对穆姜的奉迎心态,根据之卦的卦名类推:"《随》,其出也。

君必速出。"当事人穆姜反倒实事求是,对之卦卦辞"元、亨、利、贞,无咎"作了详细分析,认为自己作为一个女人却乱后宫、干朝政,元、亨、利、贞四德俱无,岂能"无咎"?她的结论是:"必死于此,弗得出矣!"后来,穆姜果然"薨于东宫"。

2. 悟性。与演绎推理不同,类比推理有效性的提升,还与推理者的悟性有着十分重要的关系。从历史遗留下来的占筮资料分析,人的悟性亦称灵性,往往是类推有效性的关键所在,尤其是在遇"非常之兆"的情况下,类推者的灵性尤能突显出来。例如,《论衡》中记录孔子、子贡师生同解"鼎折足",子贡由此类比"行用足"而断言此占兆凶;孔子则由"越人水居,行用舟不用足"而断言此占兆吉。"鲁伐越,果克之"。王充评议说,子贡的推论属于"直占之知",这类人"睹非常之兆,不能审也"。孔子则属于"诡论之材",能够感悟"逆中必有吉",遇非常之兆而作出非常之解。

悟性高下,往往与年龄大小无关。清代著名学者纪晓岚,少年时代即具有孔子那种"诡论之材",在遇到"非常之兆"时能灵活地进行类比推论:纪晓岚应乡试前夕,老师替他占了一卦,遇《困》之《大过》,按筮法应以《困·六三》"困于石,据于蒺藜,入于其宫,不见其妻,凶"为类推依据。他的老师认为兆"凶",劝其下次再赴考。纪晓岚却从这个爻辞中看出了希望:自己年少未婚,何来"不见其妻,凶"?去凶则吉,仅屈居姓石之后而已。考后发榜,果然乡试第二名。纪晓岚的悟性,助长了类推的有效性,抓住了第一次乡试的机会。

这些历史记载,不排除后人有意美化拔高前辈名人的可能,但是,人的悟性或灵性对提高《周易》类比推理有效性的作用,应毋置疑。

即便不计算比《周易》更早的《连山》《归藏》两部古易之作,《周易》至今亦已有整整三千年的历史。三千年前已有如此系统和成熟的类比推理系统,并且从未间断地流传至今、一直规范影响着华夏子孙的思维活动,不能不说是人类思想史上绝无仅有的一个奇迹。有这样一笔文化遗产继承,是华夏子孙的福份与骄傲,也是华夏子孙继往开来,构建中国类比逻辑理论体系的最佳平台。

(原载《社会科学》2009 年第 7 期)

"自强不息，厚德载物"阐微
——关于华夏民族精神的若干思考

"自强不息，厚德载物"一语，源自《易传》，是先人对《周易》古经中《乾》《坤》两卦义理的整体概括。近人梁启超曾在1914年于清华大学作《君子论》的演讲，围绕"自强不息，厚德载物"论君子品格。后来，这八个字便被选为清华大学校训，直至现在。这八个字，前四字言道，后四字言德，语简意丰；今人理解，往往有失偏颇。本文阐微，亦恐有挂一漏万、一叶障目之弊。

忍：自强不息的第一个支撑点

"自强不息"取自《易传》的"天行健，君子以自强不息"一语，意思是，天道刚健，君子应当以天道为法自强不息。后人多从"健"字体会，认为自强不息就是奋发有为不断进取。其实，这种解释不仅表面而且片面。《乾》卦的六个爻都是阳刚之爻，六个爻辞揭示了这样一个内涵："自强"且能"不息"，必须具有忍耐、忧患、自悔三种品性。忍、忧、悔是"自强不息"的三根支柱,也是"自强不息"这一"天道"的完整内涵。

《乾》初九爻辞"潜龙,勿用",是自强不息的起点。"潜",是自身力量不足而采取的一种自觉的理性行为。

潜而勿用,原因有二。一是自觉的积累力量,如人们常说的"厚积薄发"。种地的农民知道,根深才能叶茂;建筑的工人知道,楼房高低取决于基础;远途的旅人知道,不积跬步,无以至千里。《周易》在象征天、地的《乾》《坤》两卦之后,选择《屯》《蒙》作为第三、第四卦,再次表明"自强"须从积聚物质财富、培养人才资源起步。万物生长的自然界,也向人们昭示着这一规律:一颗种子,在地下伸展根系,吸收水分养料,最后破土而出,往往越是漫长越是艰难的初始积聚,对以后的整个生长发育过程往往越是有利。孟子说:"天将降大任于是人也,必先苦其心志,劳其筋骨,饿其体肤,空乏其身,行拂乱其所为,所以动心忍性,曾益其所不能。"讲的也是一个人在其有为之前的必要的力量积累。忍,是这一段力量积累时期的核心精神。不能忍常人所不能忍,此后的人生也便不可能写出精彩篇章。

二是与敌对势力对垒时的量力而行。力量的强与弱,是比较的结果;选择进取还是隐忍,须因时度势。敌强我弱,就须忍;此时的忍,是明智而非怯弱,是争取时间积累力量壮大自己。周文王被商纣王囚于羑里,是文王因时度势不得不前往殷都接受囚困,为自己部族争取时间壮大实力;越王勾践前往吴国卧薪尝胆,也同样是为了争取时间壮大越国。如果没有周文王的羑里之忍,也就没有后来的武王克商和周王朝的一统天下;如果没有勾践的卧薪尝胆之忍,也就没有后来的越国复兴雄霸一方。

华夏民族经风沥雨一路走来,既有艰苦卓绝的奋斗,也有忍辱负重的权宜。没有前者,后者便是没有脊梁的苟且者;没有后者,前者往往成为半途而废的失败者。《三国演义》中,张飞、刘备皆因不能忍一时之愤,快速出局;聪明如诸葛亮者,忠的情结遮蔽了忍的理智,五次出兵攻魏,皆无功而返;第六次出兵攻魏,命丧五丈原。正是一次又一次不自量力的出师,耗尽了蜀国的元气,成为三足鼎立中的第一个出局者。诸葛亮这种被后人津津乐道的"鞠躬尽瘁,死而后已",实际上是一种缺失理智、不自量力的行为;"尽瘁"的结果,不仅是个人的悲剧,也往往会给整体利益带来重大伤害。所以,诸葛亮这种"鞠躬尽瘁,死而后已"精神,与自强不息的华夏民族精神格格不入,不值得称誉,更不应该提倡。

历史的意义不在炫耀而在借鉴。我们欣慰地发现,华夏民族综合实力极大提高的今天,"忍"作为自强不息的一种品性,既借鉴前人而又超越前人。我们清醒地意识到,改革开放以来,综合国力虽有极大提高,仍处于社会主义初级阶段,仍属于发展中国家,与世界上那些发达国家相比有一定差距,还有很长一段自强之路要走。综合国力的继续积累,不仅需要有一个和平稳定的内部环境,还需要有一个和平稳定的国际环境。但是,我们综合国力的迅速提升又不免会引起国际上一些发达国家的疑虑甚至敌视,以致既有"中国威胁论"的出台,也有经济上的挤兑打压,甚至还有军事上的挑衅。面对错综复杂的国际关系,我国政府始终坚持将和平稳定放在首位,以"忍"的心态,理智地处理了诸如大使馆被炸、战机被撞等重大事件,维护了外部环境的和平稳定,确保了我国改革自强的步伐继续前进。

忍,是一种理性的手段,是一种智慧的展开;无论是一个人,还是一个企业,一个国家,一旦缺失忍,自强之路就随时可能中止。

"自强不息"的内涵之二:忧

忧患意识,是自强不息的内涵之二。忧患是一种生存状况,忧患意识是对这种可能发生的生存状态的防范预谋。这种意识存在于事业顺利、生活安逸即所谓的"安乐"状态下对可能发生忧患状况的思虑,所谓"居安思危"。

《乾》卦六爻分为天、地、人三个层面,《周易》作者通过象征"君子"的第三、第四两个爻辞,表达了忧患意识。"君子终日乾乾,夕惕若厉,无咎"。白天勤勉做事,晚间怵惕思省。保持了这种居安思危的心态,就不会犯错误。这爻辞也可作另一种断句:"君子终日乾乾夕惕,若厉无咎。"今人常用的"朝乾夕惕"一词,即由此而来。九四爻靠近"九五"之尊,所以,爻辞的忧患意识更浓重:"或跃在渊,无咎。"这是在"夕惕若厉"基础上的进一步表达。这是一个令很多人羡慕的高位,却又是一个"伴君如伴虎"的高危之地。机会与风险共存,进一步增强忧患意识自在情理之中。如临深渊,如履薄冰,就是处身高位者、事业即将成功者必须具有的戒惧忧患之心。如临深渊是什么心态? 就是战战兢兢唯恐跌下去万劫不复的心态。处于高位而又能持有这种强烈忧患意识的人,自然不会去犯功亏一篑的错误。

人类常常要面临两类患难,一类是自然降临的患难,另一类是人为造成的患难。前一类患难不可避免,后一类患难则往往由于处理得当而可以避免发生。忧患意识的一个作用,就是由于对自然灾害发生的可能性有了预期的考虑,从而为人们应对可能来临的自然灾害提供精神和物质准备,尽可能将自然灾害对人类的损伤降到最低程度。以汶川大地震为例,众所周知,该地区本属南北走向的地震带,若有忧患意识,则房屋建筑均应注重防震,尤其一九七六年唐山大地震几十万人惨死于水泥预制板下,此后的地震带新楼,均应避免用水泥预制板搭建。然而,缺少忧患意识的汶川人,仍以水泥预制板盖住房、盖学校教学楼。于是,唐山悲剧便在汶川地区一个又一个中、小学重演。然而在同一地区,有一个初级中学的老师,因为头脑中有忧患意识,一当上校长,便将学校里的一幢教学大楼重新加固修筑,还组织全校师生进行每年一次的紧急疏散演习。5 月 12 日地震发生时,有700 多名学生和老师正在那幢重新加固的教学楼里上课,他们与全校 2 000 多名师生一起,按照平时疏散演习的线路和方式,仅用 1 分 36 秒时间,冲到操场指定位置,无一人员伤亡;那幢经多年加固修理的教学楼也没有倒塌。一个中学校长的忧患意识,拯救了 2 000 多位师生的性命。这就是忧患意识在不可避免、不可抗拒的患难来临时的作用。

自然灾害,其实都是自然现象,无不受自然规律的支配。任何自然灾害的来临,先期都有征兆,"月晕而风,础润而雨",就是这个道理。然而这类征兆,对于头脑中有没有忧患意识的人来说,结果大不一样。头脑中有了忧患意识,就会洞察一切,见微知著,马上采取防患应急措施,将旋踵即至的灾难损害降至最低程度。倘若头脑中缺少忧患意识,面对天灾征兆也会视若无睹,以致灾难降临时惊慌失措,听天由命。如汶川地区这样大级别的地震,先期必有种种征兆。然而,这些年风调雨顺、歌舞升平的快乐日子,使我们的干部、群众头脑中的忧患意识严重缺失,面对本可以察觉的种种异常现象,麻木不仁,甚或以为"杞国无事忧天倾"。结果已经显见:灾难深重,教训深刻,多少年来自强不息的建设成果毁于一旦,数万条生命更是一去不返。惨痛的教训告诉我们,忧患意识一旦缺失,自强不息也就难以保证。

现实的经验和教训告诉我们,自强不息需要忧患意识来支撑;忧患意识,是自强不息的题中应有之义。

"自强不息"的内涵之三:悔

自悔意识,是自强不息的又一重要内涵。《乾》卦第六爻位居"九五"之上,实属至尊。该爻辞"亢龙有悔",可谓言简意丰。"有悔"是"夕惕若厉"、"或跃在渊"的延续,是随着人的自强不息的进程,在最高位置这一处境下,如何继续保持自强不息状态的一种理性的、自觉的反思,而不是面临物极必反的自然规律生发出"无可奈何花落去"的悔恨。亢龙即居于最高位的领导者要有自悔意识,要经常性地自觉认识自己的不足,检点有无失误的言论或决策,这是"持盈保泰"、自强不息的不二法门。

"亢龙有悔"给我们很多启示。

首先,长期居于高位的人,要始终保持头脑清醒,千万不要迷信自己的话"句句是真理",更不可相信"一句顶一万句"的奉承。发觉错误,及时纠正,是一种自信的表达,也是自强不息的体现。我们已经持续了三十多年的改革开放,就是以执政党整体自悔为前提的自强之举。"实践是检验真理的唯一标准",其性质不在学术观点的争鸣而在自悔意识的确立,矢头指向"句句是真理"的"亢龙"迷信如何回归到"亢龙有悔"。正是这种自悔意识的回归,对党内若干重大历史问题的反思与纠正,确立了改革开放、与时俱进的新国策,领导全国各族人民,在自强不息的道路上继续前行。

其二,"亢龙有悔"中的"有悔",是自悔而非替他人"有悔"。中国人有一个传统,把历史作为一面镜子,借古鉴今。于是,替古人"有悔"便成为一些人的专业。这一专业的形成,可能为了避免直面自悔的尴尬,于是借古喻今,说古人如何地好,是在暗示今人行为不当;谈古人如何的不好,也是在提示今人不可重蹈旧辙。绕了一大圈,旨在劝人"有悔"。

自悔直面现实,需要理性更需要勇气。现实生活中所见,既有以史为鉴式的替古人"有悔",更多的是替前任"有悔"。替前任"有悔",往往不仅在口头上更在行动上尤其在规章制度、人事安排上,无论政府、单位,此类情况多有发生,各任领导热衷于"0+1"的游戏,乐此不疲。

能否自悔,关系到自强之路到底能走多远。汶川大地震之后,我一直倾听着"自强不息"的声音,期待着"自悔"的声音。可是,这一声音并未出现。大地震的种种预兆为什么视而不见?中、小学的教学楼为什么如此低劣不堪一震?震区这么多的领导干部,没有一个人站出来自责自悔。人们在重整家园的同时,千万不要漠视甚至无视大地震前夕的种种预兆的回忆、收集,这是以数万条生命换来的宝贵资源,可以作为全人类共享的重要的防震知识。

能否自悔,也是衡量和检验领导干部素质优劣的一把尺子、一块试石。贵州省瓮安县的"6·28"打、砸、抢、烧重大群体性事件发生后,中共贵州省委书记亲赴瓮安县广泛听取意见。该县县委书记却大谈事件过程,极少自我批评,以及造成这一重大群体性事件的深层次原因,缺乏自悔意识,当场遭到省委书记的严厉批评。几天后,缺乏自悔意识的县委书记、县长双双免职。难怪《易传·文言》的作者说,居于高位又能自悔是很难的,只有圣人才能做到。

自悔意识不是身居高位者的专利,任何一个有自强心有事业心的人,也都应该具有。从传统文化观念而言,培养君子人格中就有"吾日三省吾身"一说。反省吾身,就包含着自悔的内容;自悔意识不仅存在于重大事情发生之后,存在于位极之际,也同样存在于平民百姓之身,存在于日常工作生活之中。总之,倘若时时处处都能保持自悔意识,个人自强不息的愿景也就有可能成为现实;整个民族的自强不息,也就有了最广泛最坚实的基础保证。

"厚德载物"的核心内涵:后

"厚德载物"是华夏民族精神的另一半重要内涵的表达。该词取自《易传》的"地势坤,君子以厚德载物"一语。"地势"

即是与"天道"对应的"地道"。老子说"人法地",就是讲人要效法大地之道。大地之道是什么？是由六个阴爻构建的《坤》卦所象之意。卦辞说："坤：元、亨、利、牝马之贞。君子有攸往,先迷,后得,主利。"坤的属性是母马那样的柔顺,顺从谁？顺从刚健的天道。然后是"先迷,后得"的例说：行动时不能领先,领先会迷失方向,居后才能有收获。总之,无论前一例说还是后一例说,都指向"后"。甘居后,便是《坤》的特有属性；地道的"厚德",就是甘居天道后面的柔顺品性。所以,坤道之"厚",也就是君子居后之"后"。在《坤》卦语境中,"厚德"就是"后德"。

《坤》卦卦辞,只是对坤道的"后德"作了一个总体的概述；《周易》作者关于"后"德的分析,主要在爻辞中展开。例如,六三爻辞说："含章可贞,或从王事,无成有终。"不显耀自己的才华,固守柔顺的德性；倘若有机会辅助君王成就事业,功劳也应归于君王,这样的人必然能善终。地位越高,越要小心谨慎："六四：括囊,无咎无誉。"像扎紧口袋一样管住自己的嘴,既不要犯错误,也不要争荣誉。六五爻已属天爻,爻辞说："黄裳,元吉。"德高望重的君子如同"黄裳"遮隐于上衣下面那样,仍应心甘情愿地追随在君王左右。《坤》卦六爻,均为谦后之言；谦后则吉,争先则凶,是《坤》卦的核心思想。

后德即是厚德的思想观念,由此形成。以"牝马之贞"自诩的妇女们,也便因此傲人,以获得"后"名为荣,做了皇帝的妻子,便是"皇后";做了皇帝的娘,便是"皇太后"。总之,"后"是坤德的代名词,融入到了民族血脉中,成为民族精神的重要组成部分。

中国历史上,老子是最早为"后"德唱赞歌的人。后德的内涵中,有两大属性,一曰"柔",二曰"不争"。老子说:"天下之至柔,驰骋天下之至坚。"他又说:"上善若水,水善利万物而不争。"(《道德经》)老子赞美"柔"赞美"不争",是因为它们所代表的德性使得世界上任何事物都无法与之抗衡。当然,在中国历史上,也并非所有人都欣赏"后德",唐代的武则天、清代的慈禧太后就是典型代表。住在后宫的她们,偏要走进前面庙堂,破一破"先迷"的诫条。诫条虽然被破了一下,但是传统的"后德"观念实在太强大。

毕竟,《周易》中的卦爻辞只是一种例说,《坤》的卦爻辞是写给普天下所有"君子"看的。后德不仅包括皇后、太后们的坤德,更是具有普遍意义的道德品性,通过修身养性融为君子人格的一部分,化入治国平天下的事业中。当然,《周易》作者所主张的后德品性,并非所有的人都赞同。战国末期的著名思想家荀子,就曾对"括囊,无咎无誉"这种过分的小心谨慎提出批评,斥之为"腐儒"行为。

随着人类社会的进步,不仅"括囊"这类明哲保身的道德行为已经不合时宜,明显带有人身依附性质的"先迷后得"的价值取向,也与民主平等的现代社会格格不入。但是,谦让而不争先的道德风貌,仍然为当今社会所普遍认同;"善利万物而不争"的道德品性,依然作为人们修身养性的重要内容。因此,在"厚德载物"这个传统民族精神里,仍然有许多宝贵资源值得我们继承,这些优秀的道德品性,不仅具有普遍性而且具有恒久性,是构建当代民族精神亦即新的时代精神的重要内容,也是构建和谐社会的主要的人文资源。

华夏民族是一个创造灿烂文化、历史久远的民族,是一个历尽沧桑、自强不息的民族,是一个自我意识不断增强、道德品性不断完善的礼仪之邦。"自强不息,厚德载物"是人们普遍认同、也大致概括了华夏五千年文明的传统民族精神,虽然随着社会进步、时代变迁,这一民族精神也面临与时俱进的考量与调整,但是构成这一精神的主要内容,仍然需要我们继承和发扬,这也是华夏民族与华夏文化能够数千年血脉相承并且继续自强不息传承下去的最大理由。

《周易》的文本结构及其言说方式

上世纪二十年代以后的大约半个世纪，《周易》研究在文本结构与言说方式的研究方面，走了一段弯路，以至于在诸多思想通史、哲学通史中，《周易》被"占筮书"三字一言蔽之。长期以来推崇为科举"统编教材"的诸经之首，被贬为迷信读物，遭到现代大学的普遍轻视，拒之于课堂外。作为系统诠释《周易》的《易传》，反而成为中国古代哲学思想的经典，登堂入室，上演了多年"婢作夫人"的喜剧。至上世纪八、九十年代，一些名牌大学开设《周易》课程，讲的内容仍然是《易传》而不是《周易》。甚至到了本世纪，人们津津乐道的《周易》《易经》，往往多是《易传》内容。例如，中央电视台青年歌手比赛时的文化考题中，"自强不息，厚德载物"出自哪一部经典的标准答案，竟然是《易经》。

因此，准确解构《周易》文本，解读《周易》的言说方式，不仅是准确解读《周易》的需要，更是当下挖掘和阐发优秀传统文化、建设一个优秀传统文化传承体系的需要。宋人朱熹说得好："半亩方塘一鉴开，天光云影共徘徊；问渠哪得清如许？

为有源头活水来。"如果不梳理清楚《周易》这个源头活水,我们的优秀传统文化传承体系又如何能够建设?反之,一旦承接了《周易》这一股无可替代的源头活水,我们的优秀传统文化传承体系的建设,必然事半功倍,就会有一种"昨日江边春水生,蒙冲巨舰一毛轻。向来枉费推移力,此日中流自在行"的轻松惬意。

象与辞:《周易》文本结构的核心部件

《周易》文本由两个部件构成,一是象,二是辞。近现代持"占筮书"观点的诸多学者,曾一度将《周易》中的"辞"理解为占筮的记录,其中以李镜池先生为典型代表。他关于卦爻辞的研究文章,合在一起就是一本论文集。一直到上世纪六十年代撰写《周易通义》一书时,才意识到将《周易》中的辞视为"占筮记录"是错误的。从早期易学史看,古人也并未将《周易》中的辞作为"占筮记录"看待。《左传》《国语》中的二十几个筮例记载,上溯公元前七世纪,下至公元前五世纪,均是根据《周易》的象与辞作为由此及彼推理的依据,而不是占筮之后获得有什么新的辞。占筮的记录,获得的只能是一组数字,并根据数字转化为相应的卦象,不可能有语言类的"占筮记录"。《易传》中讲《周易》是忧患之作,是作者忧患之思的表达,显然也没有将《周易》中的辞作为"占筮记录"来理解。

占筮的记录是卦象，也包含有变化的爻象。"上古三易"即《连山》《归藏》《周易》的卦名、卦辞、爻辞，是各个时期的先人中的大智慧者根据对卦象、爻象的理解，各自的表达，并在此基础上对六十四个重卦作有序的排列。《连山》将《艮》卦列为首卦，表达了夏代先人对大山的崇拜；《归藏》将《坤》卦列为首卦，表达了殷商时代的先人对大地的崇拜；《周易》将《乾》卦列为首卦，表达了周代人对天的崇拜。在"上古三易"中，六十四个重卦的卦象，始终都是各易中最核心的构件，卦名、卦辞和爻辞，则是说明各卦和各爻的文字，用王弼的话说，就是"以言明象"。从这个意义上说，辞虽然也是《周易》的核心构件，但是与象相比较，其重要性显然低一层次。何况，一旦明白了象之义，就可以忘掉具体的辞，即王弼讲的"得象忘言"。在《周易》（包括前两种易）中，辞就是行人过河的桥、渔翁钓竿上的筌，读《易》的结果，就如同过河拆桥、得鱼忘筌。

《周易》是一部帮助人们决疑解难、进行有效推理的思维工具书。如果将六十四个重卦看作为六十四个符号集，那么，《周易》就是一个符号推理系统。一个完整、有效的符号推理系统，须由三种"语言"构成：对象语言、自然语言、语法语言。《周易》符号推理系统中的对象语言，由两个初始符号－－（阳爻）、－－（阴爻）、由三个爻集成的八个经卦、由六个爻集成的六十四个重卦等三级符号构成;用来解读对象语言的自然语言,就是六十四卦的卦名、卦辞、爻辞;在进行有效推理过程中用来规范推理的语言,如:经卦、重卦、内卦、外卦、本卦、之卦、阳爻、阴爻、天爻、地爻、人爻、初、上、九、六、承、乘、比、应、中,等等。显而易见,《周易》是一个完全合乎现代符号推理系统标准的完整的推理系统。这是一个三千年之前就已经诞生、并且已经被人们有效使用的符号推理系统。《左传》《国语》中保存下来的二十多个占筮记载,就是最可靠、最有力的佐证。与西方世界从十九世纪开始构建的符号推理系统相比,《周易》的诞生,不仅是人类历史上第一个符号推理系统,而且整整赶早了三千年时间!

中国传统思维方式注重类比,西方传统思维方式注重演绎。《周易》符号推理系统的逻辑属性与西方符号推理系统的逻辑属性之间的明显不同,也就表现在类比与演绎的差异。西方符号推理系统中的初始符号如 p、q 等,是绝对"空"的变项,任何内容均可代入;《周易》符号推理系统中的初始符号--、--则是分别具有阴、阳两种属性的变项,变项内容具有类的规定性,由此集合而成的三爻一组的八个经卦,明确地分为阴、阳两类卦象;再由这八个经卦两两相重而成的六十四重卦,也就与中国的象形文字集合而成象意文字一样,具有"以象尽意"的功能属性。总之,初始符号的"真空",决定了西方符号推理系统的演绎属性;初始符号的"半空",决定了《周易》符号推理系统的类比属性。

所以,更准确地说,《周易》是人类历史上最早的、同时也是迄今为止唯一的类比推理系统。卦象爻象和卦名卦辞爻辞,是这个类推系统文本结构的核心部件。

卦象与卦名、卦辞的关系

《周易》的文本结构,首先在卦象与卦名之间展开。李镜池先生在 1962 年发表《周易卦名考释》一文的"补记"中曾这样说道:"最近写《周易通义》一书,才明白卦名和卦、爻辞全有关系。其中多数,每卦有一个中心思想,卦名是它的标题。"(载《周易探源》,中华书局 2007 年版,第 291 页。)其实,这迟来的觉悟还只是发生在《周易》的辞这一构件内。卦名的来源,首先要从卦象中发掘;卦名作为第一层面上的辞,是"以言明象"的起点,是解析《周易》文本结构的第一道工序。

综观六十四个卦名,主要从以下两个角度落实"明象"的任务。

第一,以上、下(又称内、外)经卦之间关系所象征的意义为根据,确定相应的卦名。例如:《需》卦下乾上坎,"乾"为天、"坎"为水,该卦象征天上有水。天上之水即雨。又:"天"与"而"两字的古字同形。于是,这一天上有雨的卦象,便选择并确定了"需"这个卦名。这一由两个单体字构成一个象意字的卦名,与该卦的两个经卦的卦形、卦义如此一致的情况,在六十四卦中仅此一卦。古文字非我专业,不知此前是否已有"需"字?倘若"需"字因这一卦象而生成,也完全属于情理之中。《小蓄》卦下乾上巽,"乾"为天、"巽"为风,卦象为天上有风。天上生风,是下雨的前兆,表示正处于普降甘霖的积聚酝酿之中。在《周易》作者看来,积聚下雨的能量,与积德相比,只能算是小的积蓄,所以将该卦定名为"小蓄"。《蛊》卦下巽上艮,"巽"为长女、为风,"艮"为少男、为山;卦象为长女惑少男、为风吹山,寓腐化之义。象意字"蛊",由"虫"、"皿"两个单体字构成,食器中生虫,亦寓腐化、腐败之意。以"蛊"命名下巽上艮之卦,十分贴切。《咸》卦下艮上兑,"艮"为少男、"兑"为少女,象征少男谦居于下主动追求少女。又:"艮"为山,其义"止";"兑"为泽,其义"悦"。少男追求少女,若能顺乎自然,把握感情发展的分寸,必能获得少女的芳心。咸有两义:一为"感",二为"完全"。以"咸"命名象征少男追求少女的卦象,也十分贴切。紧接《咸》卦之后的《恒》卦,下巽上震(或曰内巽外震),"巽"为长女、"震"为长男;长女处下、长男居上,女主内、男主外,男尊女卑、夫唱妇随乃夫妇常理,其关系能持久,故取永久不变的"恒"为卦名。

从上面列举的五个卦名,可以清楚地看到:上、下经卦关系所蕴含的义理,是这些卦名得以成立的主要理由;通过这些卦名,又可以大致明白卦象之义。

第二,以重卦的整体之象作为根据,确定相应的卦名。例如《剥》卦从初爻至五爻均为阴爻,只有上爻是阳爻,整个卦象,阴不断上升而阳却节节后退至无可再退的境地,阴盛阳衰已至极处;若以阴爻象征小人,阳爻象征君子,该卦之义便象征小人势强、君子势弱的局面,如同一张木床,被阴湿之气腐蚀,呈现由下而上渐渐剥落朽败的趋势,因此将"剥"作为该卦之名。《复》卦卦象正好与《剥》卦相反,初爻为阳,从二爻至上爻的五个爻均为阴,象征阳气开始从地下升起;虽然阳气很微弱,却代表着万物复苏的向上趋势,因为前一卦是《剥》,所以这一卦就以恢复生气的"复"字命名。《夬》卦各爻的阴阳属性与《剥》卦各爻相反,从初爻至五爻均为阳,上爻为阴。五阳一阴,表达了处下的五阳与处上的一阴决断,象征处于不同地位的众君子同仇敌忾,清除居于高位的奸佞之趋势。由此,以"夬"字作为该卦之名。夬,本为拉弓时戴于大拇指上的护套,弦由此将箭弹离,延伸义为"决断",以此喻下五阳与上一阴之卦象之关系,颇为贴切。《姤》卦之象恰恰相反,初爻为阴,上面五个爻均为阳,象征一女追随于五男,健壮而不贞,据此整体象意,取"姤"字为卦名。此外,如《大过》《颐》等卦,也都是根据重卦的整体之象配以相应的卦名。

在六十四个卦名中,根据上、下卦关系之义配以相应的卦名占据大多数,根据重卦整体之象所象征的意义配以相应的卦名则为少数。由此可见,八经卦所象征对象在"以象尽意"中肩负着主要的功能作用。

卦辞是继卦名之后对卦象所含之意的进一步揭示,是该卦的核心理念的具体展示。先以由上、下卦之义确定卦名的卦辞为例,如《小蓄》卦辞:"亨。密云不雨,自我西郊。"在《周易》中,有两类积蓄,一类为财富的积蓄,一类为才能与道德的积蓄。与积德积能相比,积财只能算是小的积蓄,所以,"小蓄"是指财富的积聚。"亨"即亨通,是小蓄的功能,也是小蓄的目的,是为了做任何事情都能畅通、顺利。接着,又用"密云不雨,自我西郊"这一自然现象,表达了财富积蓄的渐进性与正当性:"密云不雨",量的积累尚未达到质的飞跃这一临界点;"自我西郊",导致下雨的量变途径是可靠的。由此可以得出结论:下雨是可以预期的,积蓄财富的目的是能够达到的。

《大蓄》卦下乾上艮。乾为天,象征朝廷;艮为山,象征德才兼备的高士。贤能之士在朝廷之上,是国家的最大积蓄,所以卦名为"大蓄"。卦辞则进一步阐释:"利贞;不家食,吉;利涉大川。"其中包含三层意思:其一,一个人若能努力于知识的积累、道德的修养,则遇事皆能亨通,抱负可以施展。其二,一个政府若能将养贤蓄士放在首位,使得贤能之士为政府所用,国家必能兴旺发达。其三,一个政府,一旦有了人才的积聚,就可以做一番大事业,即便有风险,也能化险为夷。

卦辞中的核心是"不家食",不吃家里的饭。贤能之士不远避山林之间躬耕自养,而是去吃"皇粮",意味着他们正在或准备辅助君王。这些"不家食"的贤能之士,便是君王治国平天下的最大资本。卦辞的这一番阐释,大大丰富了卦名对卦象意义的说明。

《蛊》卦以长女惑少男而引申为腐败之象,故以食器中生虫的"蛊"字为名。然而《蛊》卦之意非仅生虫腐败之表象,而是蕴有深义。卦辞在卦名基础上作了具体的阐述:"元亨,利涉大川。先甲三日,后甲三日。"腐败不是好事,然而祸福相倚,腐败也能激起有志之士反腐图新的改革决心,蕴含有开拓进取的精神。清除腐败并不是一件容易的事情,其间多有凶险,不仅事先要有周密的布置,而且要估计到事后的可能结局;重要的反腐政策的出台,既能够铲除滋生腐败的根子,又能防止产生新的腐败。诚如唐代的《周易正义》作者所释:"善救则前弊可革,善备则后利可久。"

再以由重卦的整体之象确定卦名的卦辞为例,如《颐》卦,初爻、上爻为阳,形同相对的两排上、下牙,二至五爻为阴,形如张开的嘴,有"养"之象意,卦名"颐",也正表达了"养"之意义。该卦的卦辞"贞吉;观颐,自求口食",阐述了颐养的基本原则:颐养必须因循常理、坚持走正道。"吉",是一个充分肯定之辞,在这里是对"贞"这种饮食、颐养之道的充分肯定。不要羡慕他人,要依靠自己的劳动和努力,取得生存的饮食之需。用现代语表达,卦辞阐述了这样一个颐养原则:自力更生。

《夬》卦初爻至五爻为阳、上爻为阴,卦象表达了众阳与居于上位之一阴决断。卦辞用很长的文字阐述了清除奸佞的原则与方法:"扬于王庭,孚号;有厉,告自邑,不利即戎,利有攸往。"意思是说,与奸佞决断是一件光明正大之事;奸佞身处最高位,与之决断必须"扬于王庭",将其罪行公开于高层,以示公正而无私隐。然后,"孚号"以安天下赤子之心,号召全体臣民一起讨伐奸佞,将其从高位上清除出去。奸佞而能居于高位,自有过人伎俩;久居高位,自有其党羽。所以,不能因为奸佞相对孤单而以为将其清除是一件容易事,务必要向民众讲明清除奸佞过程中的危险性;倘若清除奸佞之事发展不顺利,不惜动用武力。事先有了这种戒备意识,除奸行动才能顺利进行。

以上这些分析表明,卦名为一卦内容明确了类的归属;该类的内涵,则由卦辞揭示。卦辞在揭示该类内涵时,根据各卦所象之类的情况,有详有略。

解读爻辞的基本原则

爻辞在《周易》经文中占有大部分的份额,因为每卦只有一个卦辞而有六个爻辞;卦名、卦辞只是对卦象的归类和总体性的内涵规定,爻辞则是对一类事物情况发展变化过程的具体解说。对每个卦的内涵的深入理解,必须通过解读爻辞才能实现。《周易》作者呕心沥血、精心编写的这些爻辞,是古往今来众多研易者能够走入《周易》这座神秘殿堂的引路人。爻辞,承担了"以言明象"的主要任务。

解读爻辞,主要遵循两条原则:一是自然递进原则。每一个卦,从初爻至上爻,循序渐进地反映了该类事物情况发展变化的全过程,爻辞便是根据爻象的阴阳属性、所在位置,对这一变化过程中的相应环节所作的解释。因此,准确领会各爻本义,就须沿着由下往上的自然顺序,解读爻辞。以《咸》《渐》两卦为例:

《咸》卦是以少男追求少女的恋爱过程为譬喻,解释六个爻象之义,比较典型地反映了各爻辞按着爻的位置,由初六爻辞的"咸其拇(脚拇指)"、六二爻辞的"咸其腓(小腿)"、九三爻辞的"咸其股(大腿)",循序渐进为九五爻辞的"咸其脢(喉结)"、上九爻辞的"咸其辅(额)、颊、舌"。通过人体部位的由下往上循序推进,六个爻辞揭示了少男少女之间两情相悦的自然而然的发展过程。

循序渐进不仅存在于青年男女两情相悦的过程中,也是事物发展的一条普遍规律。《渐》卦的六个爻辞,以鸿雁的成长历程为例子,从初爻到上爻,逐一展示了什么叫量力而行,什么叫循序渐进:"鸿渐于干(水涯边)"、"鸿渐于磐(水岸畔的大石板）"、"鸿渐于陆（陆地）"、"鸿渐于木（树）"、"鸿渐于陵（山陵）"、"鸿渐于逵（天空）"。从小雁子在水涯畔蹒跚活动开始，一个台阶一个台阶地循序渐进、发展壮大，终于羽毛丰满，飞翔于蓝天。

如此完整地从初爻循序渐进至上爻的爻辞系列，在六十四卦中虽然只是少数几例，但是，爻辞内容并不很整齐连贯的卦，其思想脉络，也同样体现了事物发展的自然递进规则。例如，《小蓄》卦讲财富积累，六个爻辞自下而上讲述了积累财富的自然递进过程：初九"复自道，何其咎？吉"。讲的是致富途径，从一开始就要有一个正确的选择：歪门邪道，肯定不行；难以致富的路径，也不能走。所以，在走上致富道路的初始阶段，及时更换致富路径，不是一种错误，而是一种值得肯定的明智举动、理性行为。九二："牵复，吉。"在调正方向，走上正确的致富道路之后，还有一个携同亲友，一起更弦回到正确路径、共谋发展的义务。在致富路上，助人即助己，所以，主动的"牵复"是一种后果吉利的行为。九三："舆脱辐；夫妻反目。"在致富路上，很难有永久性的合作伙伴，财富积累到一定程度，反目、分手在所难免。六四："有孚，血去惕出，无咎。"反目、分裂毕竟不是好事，能够避免尽量避免；以柔近人，以诚感人，就可以远离因分裂而可能导致的血光之灾，就可以毫无恐惧地在积聚财富的道路上继续前行。九五："有孚挛如，富以其邻。"这是在完成了财富的积累之后不宜独富而应众富的理念,也是维护既得财富的有效办法:只有大家都富有了,个人的富有才会安全可靠。任何事物发展到极处总要向反面转化,因此,维护既得财富的最好办法是积德,上九的"尚德载,妇贞厉,月几望,君子征凶",就是对实现了财富积累之后务必要保持头脑清醒的警示。

自然递进是任何事物情况发展变化的一般规律,所以,负有"明象"之责的爻辞,以循序而进的思路解释爻象之意,便是必然的选择;后人循此脉络解读爻辞,也同样是必然的选择,而奉之为原则。

二是"三才"原则。"三才",即天、地、人。《系辞下》:"兼三才而两之,故六。"将重卦的六个爻,自下而上两爻一组,初、二爻为地爻,三、四爻为人爻,五、上爻为天爻。这是二千多年前的先人如孔子"韦编三绝"那样反复、深入地研读了《周易》爻辞之后的心得,也是对《周易》文本深层结构的重要发掘。人们在按序列原则解读爻辞的同时,再将每个爻辞置于"三才"语境中参悟其特定含义,不仅能更准确地译读文字的本义,还能从众多的延伸义中更精确地寻找并把握住该爻辞的特定的延伸义。以《乾》卦的六个爻辞为例:

初九:"潜龙,勿用。"九二:"见龙在田。"明确表达了"地爻"属性,下位的爻用"潜"表达,上位的爻用"在田"表达。地下地上,一目了然。九三、九四为"人爻",故九三爻辞以"君子"为喻:"君子终日乾乾,夕惕若厉,无咎。"这个"君子"已是

42

有一定社会地位的人,所以便有了"夕惕若厉"的忧患意识。位高权重的九四紧接九三出辞:"或跃在渊,无咎。"同样是忧患意识,九四权臣的忧患程度必然要高于九三的"君子",于是出辞时也就从"夕惕若厉"上升到了如临深渊的"或跃在渊"。忧患意识,是为臣者维持既得利益和继续攀升前行的必要条件;有了忧患意识,便可"无咎"即避免过失。历来诸多易学家,包括《易传·文言》的作者、魏晋的王弼、唐代的孔颖达、宋代的朱熹等人,虽然都知道六爻可分为地、人、天三个层次即"三才"格局,但是在阐释具体的爻辞时并未分别从三个语境中作各自贯通的译读,从而在对"或跃在渊"作阐释时脱离了"忧患"这一特定语境,未沿着"夕惕若厉"这一脉络(思路)继续前行,却一致作出了或进取或待时皆可的译读,造成了九四明明已在顶巅高位却仍解读为伏在渊中待时而起的矛盾错谬。九五、上九为"天爻",故九五爻辞以"飞龙在天"为喻。上九虽然出辞"亢龙有悔",然而这条有自悔意识的"亢龙"是在天上呆了很久的飞龙。总之,将《乾》卦中的六个爻辞由下而上地作地爻、人爻、天爻的分类,那么,这三类的语境可以分别用一个字表达:忍、忧、悔。初、二爻辞表达的是忍耐意识,三、四爻辞表达的是忧患意识,五、上爻辞表达的是自悔意识。这三种特殊小语境的确定,是深入、准确释读《乾》卦六个爻辞的前提。

　　《乾》卦六个爻辞的"三才"结构,由于明确使用了"在田"、"君子"、"在天"这三种辞,具有典型意义。而其他重卦的六个爻,虽然没有使用与地、人、天直接关联的辞,但是"三才"的语境并未改变,对这些爻辞的解读,仍然要遵循"三才"原则,要在"忍"、"忧"、"悔"的语境中加以贯通。例如,《屯》的六二爻辞,用一个形象生动的譬喻,表达了在物质财富积聚过程中的途径选择的艰难性,凸显出"忍"的精神:"女子贞不字,十年乃字。"六三爻辞表达的则是一种"人爻"所特有的忧患意识:"即鹿无虞,惟入于林中,君子几,不如舍,往吝。"没有熟悉路径的向导,就深入老林打猎,是一件危险的事情;心思缜密的人,会放弃这种冒险行动。"君子几",是对忧患意识的判定;"不如舍",是忧患意识指导的结果;"往吝",是对轻举妄动的警示。《师》卦的九二爻辞:"在师中,吉,无咎。"讲的就是出征初期要有"忍"性,不可躁急,体现了"地爻"的本色。九三爻辞:"师或舆尸,凶。"从反面表达了军事行动中忧患意识的重要性。而九四爻辞:"师左次,无咎。"则从正面表达了军事行动中忧患意识之重要。九三、九四两个爻辞,同样在一个具体的语境中展示了"人爻"的特有属性。

总之,"三才"原则与自然递进原则,互为补充、互相发明,成为我们开启《周易》玄奥之门的一把钥匙。

譬喻:基本的言说方式

《周易》卦象爻象是以具有阴、阳类属性的爻画构建而成的"符号集",因而具有"以象尽意"的特点。以具有象意特点的自然语言构成的卦辞爻辞,其言说方式也秉承了汉文字的特点与语言表达方式,选择譬喻,完成其"明象"使命。卦辞爻辞,都是解释卦象爻象意义的例说。一个卦辞或一个爻辞,有的只有一个例说,有的包含两个或两个以上的例说。

以卦辞为例:《小畜》卦辞用"密云不雨,自我西郊"作为例说;《履》卦辞用"履虎尾,不咥人"作为例说;《观》卦辞用"盥而不荐,有孚颙若"作为例说;《颐》卦辞用"观颐,自求口食"作为例说;《大过》卦辞用"栋桡"作为例说;《离》卦辞用"畜牝牛"作为例说。这是卦辞中只用一个譬喻解释卦象义理的情况。

有些卦辞,同时运用了两个譬喻。例如,《蒙》卦辞同时用了"非我求童蒙,童蒙求我"和"初筮告,再三渎,渎则不告"两个例说,譬喻启蒙教育的两条原则。前一例说是为了揭示启蒙教育中的教与学的关系,确立师道尊严的原则;后一例说是为了揭示启蒙教育中的教与学的方法,端正受教育者学风的原则。《中孚》卦辞同时用了"豚鱼"和"涉大川"两个例说:吃了有毒的河豚平安无事,涉渡大河平安无事。两个譬喻表达一个意思:"中孚"即心有诚信的人总能逢凶化吉。在这里,两个例说之间是并列关系,但是前一例子是小事,后一例子是大事;两例合一处,表示无论小事还是大事,都能平安无事。因此,同一卦辞中运用两个例说,并非反复表达同一个意思,而是每个譬喻都有所侧重。

包含有三个例说的卦辞不多,如《坤》卦的卦辞中就同时用了"牝马之贞"、"君子有攸往,先迷后得"、"西南得朋,东北丧朋"等三个例说。三个譬喻的意思只有一个:贵柔。但是,这三个譬喻也各有侧重点,"牝马之贞"重点在"顺从","先迷后得"重点在"追随","西南得朋,东北丧朋"重点在"用柔"。通过这三个譬喻,《坤》卦蕴含的义理,得到了全面的阐发。

阴、阳爻画是构建六爻重卦的初始符号,看似简单,其实不然。作为一个具有类比属性的逻辑变项,阴爻或阳爻在不同的卦体中、在卦体的不同位置上,表达着不同的内容和意义,体现着事物情况发展变化的状况和规律。因此,爻也是象,对六十四卦中的每一个爻象,都需要通过譬喻的方式进行解释,明白该爻象所蕴含的特定意义。如同卦辞的明象那样,大多数爻辞只用了一个例说,有些爻辞则用了两个例说,少数一些爻辞甚至用了三个、四个例说。

例如,《周易》首卦《乾》,其爻辞均为一爻一例:六个爻辞由初至上分别用了"潜龙勿用"、"见龙在田"、"君子终日乾乾,夕惕若厉"、"或跃在渊"、"飞龙在天"、"亢龙有悔"这六个例说,甚至统括六爻的"用九"之辞,也仅用"群龙无首"一个例说。虽然每爻只用一例,其譬喻之贴切,堪为众卦之典。

一个爻辞中用了两个例说的情况比较多。例如,《大过》的初六、九三、九四、上六这四个爻辞各用一个例说,而九二、九五两个爻辞均用了两个例说。九二爻辞包含了"枯杨生稊"、"老夫得其女妻"两个例说,前一例说以植物譬喻:枯老的杨树发新芽,为老树添加了新的活力;后一例说以人事譬喻:老汉娶了年轻女子为妻,替他生养儿女繁衍后代。两个例说含意相同,都是对九二爻象之意的阐述:不拘常理,壮大自己。九五爻辞也包含了"枯杨生华"、"老妇得其士夫"两个例说,也同样是前一例子借物取譬,后一例子借事取譬:枯老的杨树开花朵,不会有结果;衰老的妇女嫁给健壮的汉子,不会生育儿女。两个例说含意相同,都是对九五爻象之意的阐述:华而不实。

只有少数爻辞,用了三个或三个以上的例说,阐述同一个爻象。例如,《蒙》的九二爻辞中,同时用了"包蒙"、"纳妇"、"子克家"这三个例说;《履》的六三爻辞中,同时用了"眇能视"、"跛能履"、"履虎尾咥人"、"武人为于大君"这四个例说;而《小蓄》上九爻辞中,则同时用了"既雨既处"、"尚德载"、"妇贞厉"、"月几望"、"君子征凶"等五个并列的例说,成为《周易》中的爻辞例说数量之最。

卦辞中的一卦多例说,与爻辞中的一爻多例说,有一个不易察觉的差异:前者的多例说的喻意不尽相同,后者的多例说的喻意相同。究其原因,卦象是对一类事物情况的拟象尽意,卦辞是对该类事物情况的总体阐释,一个譬喻,往往难以尽言,于是便根据各卦的具体情况采取一例还是多例的譬喻。爻象则是一类事物情况发展到某一阶段时的一种状况,爻辞便是对这一特定状况的阐述;原则上讲,一个例说即可明象,一爻多例,无非是选择那些义理难明的爻象,作举一反三的譬喻,为读者决疑解难提供更多的例子以作参考。

卦辞爻辞中的众多生动的例说,为后人读《易》明象提供了帮助。没有这些形象生动的譬喻,读懂卦象爻象简直难以想象。智慧、勤奋如孔子,即使"韦编三绝"恐怕也无济于理解。《周易》诞生以后的三千年时间里,正是借助于这些生动易懂的譬喻,中国人不仅读懂了这部书,而且藉以决疑解难,倚以思想、开启智慧。中国人注重类比的思维方式,正是在解读和运用《周易》的思维实践中,得以训练、规范和成熟;譬喻,遂成为华夏子孙普遍使用的言说方式。

（原载《哲学分析》2013年第5期）

《周易》卦爻辞三议

本文对曾一度被认为是占筮记录的《周易》卦爻辞作三点思考：一是认为具有明象功能的卦辞爻辞,在《周易》推理系统中作为类比的譬喻例子具有由此及彼的逻辑功能。二是选择爻辞"或跃在渊"作个案分析,揭示长期以来误读的原因、重新解读的理由,说明准确诠释卦辞爻辞仍是易学研究的一项重要工作。三是对吉凶断语的功能作用进行分析,认为它们是一种价值评判标准,对几千年来人们的思考与实践具有极为重要的影响作用。

由于人们一直认为《周易》是一本占筮书,卦爻辞也就理所当然地被解释成为"占筮的记录";上世纪三十年代的李镜池先生,可以视为这一观点的典型代表。他写了好几篇文章讲卦爻辞的性质,《〈周易〉筮辞考》(载《古史辨》第三册上,1931 年 7 月)是其代表作。李先生说:"我对于《周易》卦、爻辞的成因有这样一个推测,就是,卦、爻辞乃卜史的卜筮记录。……所以卦、爻辞中,很有些不相连属的词句,我们要把它分别解释;若硬要把它附会成一种相连贯的意义,那就非大加穿凿不可。"在上世纪三十年代,虽然还有郭沫若、顾颉刚等人发表了一些关于《周易》的考释分析文字,但是对卦爻辞的来历与性质却未置一词,于是李镜池的上述推测似乎成为学术界的共识。六十年代初,李镜池对三十年代以来关于卦爻辞是"卜筮记录"的推测有了根本性转变,认为"《周易》不单编纂,不单汇集资料,而且是出于编者的匠心编著;不少地方,不特是编者有意识地组织编排,而且还有哲学意义和艺术性。"(《周易的编纂和编者的思想》)1962 年,李先生又在《周易卦名考释》一文的"补记"中坦陈自己先前的失误:"最近写《周易通义》一书,才明白卦名和卦、爻辞全有关系。其中多数,每卦有一个中心思想,卦名是它的标题。"

李镜池先生勇于自纠的学术态度,基于他撰写《周易通义》一书;如果仍然抱着卦爻辞是卜筮记录的观点,是无法对《周易》进行"通义"的。但是,说实在话,李镜池先生对《周易》卦名、卦爻辞的重新认识,在易学史上并没有新意,因为早在春秋末期孔子"韦编三绝"时就有了比李先生更为准确的认识;魏晋玄学的旗手王弼就有了"以言明象"、"得象忘言"的精准概括和解读方法。当然,李先生认识到了自己先前对《周易》的误读,毕竟是一件幸事。许多并没有打算通义《周易》的学者,仍蒙蒙然地将《周易》认定为占筮书而不屑一顾,在编写中国思想史、中国哲学史时,未能给予应有的尊重,自然也就不会给它一席之地。这样,就形成了一个很矛盾的现象：一方面承认"诸经之首"的《周易》是封建时期主流意识形态的代表作，一方面仍然将《周易》这部完整流传至今的最古老经典之作视为占筮书而不愿将其作为思想史和哲学史的起点；不是从《周易》古经中寻找老子、孔子等人的思想渊源，而是从儒、道著述中尤其《易传》中寻找和发掘《周易》古经的"朴素的"哲学、政治、军事、教育等种种思想。

时至今日，对《周易》经文的理解及其诠释，仍然是易学研究中的一项重要工作。本文选择其中的三个问题，提出自己的看法，求正于学界。

类比属性与例说功能

《周易》的功能是"决疑解难"。无论是上古先人通过占筮的途径"决疑解难"，还是春秋后期开始直接援引象、辞的途径"决疑解难"，都离不开卦象爻象、卦辞爻辞。《周易》的核心是卦象，六十四个重卦卦象，如同西方符号逻辑系统中的符号集，由阴爻阳爻这两个初始符号通过不同的组合构建而成。西方符号逻辑系统中的初始符号如 p、q 等是绝对"空"的变项；而《周易》逻辑系统中的初始符号—、ᐱ则是分别具有阳与阴这两种属性的变项，由此构建的八经卦，明显地分为阴、阳两类卦象，由此相重的六十四卦，也就与中国的象意文字一样具有"以象尽意"的功能属性。所以，初始符号的空与不空,决定了西方符号系统的演绎属性、《周易》符号系统的类比属性。

虽然逻辑类型不同,用自然语言说明对象语言的方法则相似;在《周易》推理系统中,叫做"以言明象",明象之言,就是卦辞爻辞:卦辞明卦象,爻辞明爻象。因此,就重要性言,象为主,辞为次,这也是王弼主张"得象忘言"的理由。但是,得《周易》真精神,辞是一道必须跨越的坎。卦辞爻辞都是明象的例说。一个卦辞或一个爻辞,有的只有一个例说,有的包含两个甚至两个以上的例说。

以卦辞为例:《小畜》卦辞"密云不雨,自我西郊"、《履》卦辞"履虎尾,不咥人"、《观》卦辞"盥而不荐,有孚颙若"、《噬嗑》卦辞"利用狱"、《渐》卦辞"女归吉"等,均为只含有一个例说的卦辞。通过一个典型事例,隐喻该卦所蕴含的主要义理。有些卦辞,包含有两个例说,如:《蒙》卦辞包含有"非我求童蒙,童蒙求我"和"初筮告再三渎,渎则不告"这两个例说;《大畜》卦辞包含有"不家食"和"涉大川"这两个例说;《离》卦辞则包含"利贞"和"畜牝牛"这两个例说。也有些卦辞,包含三个例说,如:《坤》卦辞包含有"牝马之贞"、"君子有攸往,先迷,后得"、"西南得朋,东北丧朋"等三个例说。这些卦辞,通过两个或三个属性类同的事例,隐喻或譬喻该卦所蕴含的主要义理。以《坤》卦辞包含的三个譬喻为例,"牝马之贞"的含义是柔顺不争先;"先迷,后得"的含义同样是追随圣贤不争先;按文王八卦方位,西南为阴东北为阳,"西南得朋,东北丧朋",以交友为例,同样表达了用柔不用刚的含义。三例一义,旨在加强对该卦义理的阐述。

爻作为构造重卦的初始符号,看似简单,其实不然。作为一个逻辑变项,阴爻或阳爻在不同的卦体中、在同一卦体的不同位置上,表达着不同的内容或意义,所以,对六十四卦中的每一个爻象,都需要作一番例说,才能明白它所表达的义理。有些爻辞,仅用一例即能将该爻象之义表达清楚,如:《乾》卦的六个爻辞中,各包含一个例说,从初爻至上爻分别为"潜龙勿用"、"见龙在田"、"君子终日乾乾,夕惕若厉"、"或跃在渊"、"飞龙在天"、"亢龙有悔",甚至其"用九"之辞也仅一例:"见群龙无首"。《坤》卦的一些爻辞,也是一爻一例,如初六爻辞的"履霜,坚冰至"、六四爻辞的"括囊"、六五爻辞的"黄裳"。此外,也有一例多用的爻辞,如《泰》卦初九爻辞、《否》卦初六爻辞,均以"拔茅茹,以其汇"作例说。一爻辞中包含两个例说的情况很多,如《大过》卦的九二爻辞包含了"枯杨生稊"和"老夫得其女妻"这两个属性类同的事例,九五爻辞中包含了"枯杨生华"和"老妇得其士夫"这两个属性类同的事例。还有一个爻辞包含三个或三个以上例说的情况,如《蒙》卦九二爻辞包含了"包蒙"、"纳妇"、"子克家"等三个例说,《履》卦六三爻辞则包含了"眇能视"、"跛能履"、"履虎尾咥人"、"武人为于大君"等四个例说,成为《周易》爻辞例说之最。

无论卦辞还是爻辞,只是《周易》作者根据该卦或该爻之象选择的一种或几种例说。读《易》者通过对这些例说内容类推其"象"所蕴义理,这就是"明象"的过程;使用者根据这些例说,举一反三、触类旁通,决疑解难。所以,能否准确诠释、体会卦辞爻辞中的例说内容,是能否"得象"的关键,也是《周易》推类系统的一个重要功能。

"或跃在渊"释疑

"或跃在渊",源自《乾·九四》:"或跃在渊,无咎。"根据九四爻所据位置,二千多年来的易学家们均作或奋起升天或原地待时的诠释。

最早最权威的释义是《易传·文言》:"上下无常,非为邪也;进退无恒,非离群也;君子进德修业,欲及时也。故无咎。"这段释义中的关键在"欲及时",身处高位者跃跃欲试的一种心态。魏晋玄学的旗手王弼注重义理,他的释义,却也是以象为据的:"去下体之极,居上体之下,乾道革之时也,上不在天,下不在田,中不在人;履重刚之险而无定位,所处斯诚进退无常之时也。近乎尊位,欲进其道,迫乎在下,非跃所及;欲静其居,居非所安。持疑犹豫,未敢决志;用心存公,进不在私;疑以为虑不谬以果,故无咎也。"下体上体之言,是从上下两经卦之象出言;不在天不在田不在人,是从天地人"三才"爻位出言;履刚之险而无定位,是从六阳爻自下而上自强不息精神出言。从总体思想而言,也是跃跃欲试之意;从细微处而言,王弼从卦象的三个角度考察了九四爻所处之位的"或跃在渊"心理;对"无咎"断语的理由,作出了"用心存公,进不在私"的解释。

王弼的解读,有两处存疑:一是说九四爻"中不在人",二是未对关键词"渊"作出解释。

按传统理解,重卦六爻中的初、二爻为"地爻",三、四爻为"人爻",五、上爻为"天爻";各爻系辞,均以此为据,而以《乾》卦六爻辞最为典型。初九出辞"潜龙",因为该爻为地爻的下面一个爻;九二出辞"见龙在田",因为该爻为地爻的上面一个爻。九五出辞"飞龙在天",因为该爻为天爻的下面一个爻;上九出辞"亢龙",因为该爻为天爻的上面一个爻。九三出辞"君子",因为该爻为人爻,又出辞"终日乾乾",是为人爻的下面一爻之故;九四理所当然属人爻,只不过是人爻中的上面一个爻,地位显然高于终日乾乾、埋头苦干的"君子",但是即便位极人臣,其性质还是"臣"还是"人"。有怀民之厚德、有飞天之抱负,毕竟还只是理想。周武王统领诸侯讨伐纣王时,社会地位仍属"臣";正如六个爻各有"地、人、天"所属,不应该有什么既不属于地或人也不属于天的爻的存在。王弼明知九四属"人爻",却说什么"上不在天,下不在田,中

55

不在人"的话，说到底是想借九四爻说事，替统领诸侯伺机伐商纣王这一时期的周武王这类历史人物找一个既不甘心于"人臣"又尚未成为"天子"的革命领袖找一块特殊的领地，这就难免产生了破坏爻位属性的举措，制造了一个诠释性错误。唐代的孔颖达十分明白王弼诠释九四爻为"中不在人"用意，干脆挑明说："若周西伯，内执王心，外率诸侯，以事纣也。"

九四爻辞"或跃在渊，无咎"，是以"渊"为核心作"或跃在渊"的例说，所以"渊"是关键词。王弼以百字篇幅解此六字爻辞，竟对关键词"渊"未置一词，颇为费解；或许，他对"中不在人"的诠释，也未必很有信心。更令人费解的是，奉旨"正义"的孔颖达，更以长达五百余字的篇幅疏解这条六字爻辞，同样避而不谈"渊"字。宋代大儒朱熹，咬文嚼字是其治学特点，在《周易本义》疏解这条爻辞时，对"渊"字也是讳莫如深。东晋时期一位名叫干宝的易学家，对"渊"总算有一个说法，"四以初为应，渊为初九"（见唐•李鼎祚：《周易集解》）。虽然有些牵强，初九的"潜龙"之"潜"，似乎与"渊"还能攀上一点关系；但是为什么身处九四之高位，还要在地下的"渊"中作"潜"状，则有点莫名所以了。近人高亨先生对"渊"作了又一种解读："老子曰'不失其所者久。'龙跃于渊，得其所之象。人得其所，可以无咎，故曰，或跃在渊，无咎。"（《周易古经今注》，开明书店1947年版）高先生的意思，龙跃动于渊中,是得其所哉;但是,龙的"在田",龙的"在天",又该何解?难道是失其所?那两个爻辞中的断语均为"利见大人",分明也是积极肯定的。

思来想去,总觉得传统的或近现代的一些易学者对于《乾·九四》的"或跃在渊,无咎"一辞的诠释不妥。以下是笔者对该爻辞的另一种解读。

《乾》卦的初九、九二(地爻),九三、九四(人爻),九五、上九(天爻),分别象征"自强不息"的三个阶段,其中的第一个阶段是积聚力量的基础阶段,又细分为"潜龙"与"见龙"两个小段,"潜"的小段特点在"勿用"即无消耗,"见"的小段特点在"利见大人"即利用一切可以壮大自己的资源。这两个小段的总体特点是"忍",这是一种主动行为,是一种智慧的表达。第二个阶段是积极进取的发展阶段,同样细分为"夕惕"与"或跃"两个小段。九三为人爻,经过"潜"、"见"的力量积聚,已有一定地位,故有"君子"之辞。地位还不高,所以要"终日乾乾",勤奋做事;晚上则要惕怵自省,有了这种忧患意识,做人做事就能不犯错误。九四为人爻的上面一个爻,经过朝乾夕惕的努力,地位越来越高,如同登山者,已在高山之巅。虽然离天最近,面临的还有万丈深渊。此时的高位者,倘能保持如临深渊的心态,就不会犯错误而功亏一篑。"或跃在渊",意思就是:可能会跌入万丈深渊。此处之"跃"不是"跃出"而是"跃入",作"跌"义解。也就是说,随着地位的攀升、事业的发展,忧患意识也应不断增强,九四爻辞中的"或跃在渊",正是九三爻辞中的"夕惕若厉"的进一步表达。综合九三、九四两爻辞,可用一字概括:"忧"。此忧非忧愁,而是忧患。这种越来越强烈的忧患意识,既是以事业有成并且越来越发展为背景,也是继"忍"之后又一个自强不息的支撑点。

九五、上九爻所代表的自强不息的第三个阶段,又可细分为"飞龙"与"亢龙"两个小段等内容,因与解读"或跃在渊"无关,本文不作讨论。

对"或跃在渊"作这样一种解读的理由有二:一是保全了九四作为"人爻"的特有属性,二是理顺了九四与九三之间的爻位递进关系,对两个爻辞作出了具有内在联系的一以贯之的释义。

吉凶断语与价值取向

在《周易》六十四个卦辞三百八十四个爻辞两个用九用六辞中,大多包含一、两个吉、凶断语。由于《周易》本作决疑解难的占筮之用,这些吉、凶断语也就被称为"占断语"。尤其在卦爻辞被理解为"占筮记录"的时期,这些"占断语"也就更具权威性,往往出现占筮遇"吉"言吉、遇"凶"言凶的局面。现在,我们既然可以肯定卦辞爻辞不是古人占筮记录,而是根据卦象爻象选择的类比性例说，那么，这些吉凶断辞也就应被视为是在例说之后对例说内容的一种肯定或否定，是一种关乎价值取向的选择。

所谓吉、凶断语，只是对两类断语的一种笼统说法。实际上，归属言吉之辞的断语主要有：吉、利、亨、无咎；归属言凶之辞的断语主要有：凶、吝、厉、悔。在《周易》卦爻辞中，言吉断语约有二百几十处，言凶断语约有九十余处。从吉、凶断语的比例看，《周易》卦爻辞所体现的精神面貌是健康乐观的、积极向上的。

《周易》作者赞赏与肯定真善美、谴责与否定假恶丑的鲜明立场，正是通过吉凶断语加以表达的。通过吉凶断语，《周易》明确地告诉人们，应该做什么，不应该做什么；应该怎样做，不应该怎样做。这正是《周易》几千年来帮助人们思考问题、解决问题的重要功能，对于培养正确的审美观和人生价值取向所起的作用，远胜于其他古籍经典。

一是通过吉、凶两类断语肯定"真"、否定"假"。例如，《比》卦辞："比，吉，原筮，元永贞，无咎。不宁方来，后夫凶。"人与人之间相亲相助必能大吉，即便占筮问讯，也必大吉大利，不会有错。如果相亲相助不是出于真心，而是一种违心的附和，结果就会凶险。在这条卦辞中，用"吉"、"无咎"等断语对真心的朋比作出肯定，用"凶"这个断语对"不宁方来"的违心之举作出否定。《临》卦的六三爻辞："甘临，无攸利；既忧之，无咎也。"上六爻辞："敦临，吉，无咎。"前一爻辞对不真诚的"甘临"作出了"无攸利"的判断，对认识到不真诚治政是一种错误行为用"无咎"断语加以肯定。后一爻辞则同时用了"吉"和"无咎"两个断语对真诚朴实的"敦临"给予充分的肯定。

二是通过吉、凶两类断语肯定和推崇"善"、否定和批判"恶"。例如，《益》卦辞："益，利有攸往，利涉大川。"对于助益别人的善举，以"攸往"、"涉大川"作例说，并连续用了两个"利"进行肯定。这个卦的九五爻辞："有孚惠心，勿问元吉，有孚惠我德。"对真心诚意助益别人的行为，不仅用最大的吉利断语"元吉"充分给予肯定和推崇，还在前面加了"勿问"即毋须占问这一条件性断语；不仅如此，还对为什么下此断语的理由作了说明："有孚惠我德。"《大畜》六四爻辞："童牛之牿，元吉。"用最高级别的吉语，对防恶于未然的行动表达了肯定和赞赏。六五爻辞："豮豕之牙，吉。"用"吉"这个断语，对釜底抽薪的止恶方法表示肯定。《屯》九五爻辞："屯其膏，小贞吉，大贞凶。"这里同时用"吉"、"凶"两断语，对"屯其膏"即积累大量财富和力量之后采取不同行为的肯定与否定：主张做提高人民生活的善事，不要去做侵害别人、扩张霸权的恶事。

三是通过吉、凶断语表达对"美"的赞赏、对"丑"的厌恶。例如，《归妹》六五爻辞："帝乙归妹，其君之袂不如其娣之袂良；月儿望，吉。"这是用"吉"这个断语，对服饰虽然不如妹妹，但拥有自然美的姐姐表示赞赏。《履》六三爻辞："眇能视，跛能履，履虎尾，咥人，凶；武人为于大君。"在包含有四个例子的爻辞中，用一个"凶"辞，对不美的外表和不恰当的行为倾向作出了否定的结论。《谦》初九爻辞："谦谦君子，用涉大川，吉。"六二爻辞："鸣谦，贞吉。"九三爻辞："劳谦，君子有终，吉。"谦虚是一种美德，谦虚还可以分为好几个种类。三个爻辞三种谦虚，都用同一个吉语表达肯定和赞赏。《坤》六五爻辞"黄裳，元吉"，也是用最高级别的肯定性断语"元吉"，对谦和不争的美德表示高度赞赏。

六十四卦代表了各种事物情况，三百六十四个爻代表了各种事物情况发生发展的过程。对于每一种事物情况，以及每一种事物情况发生发展进程中的每一阶段，我们都可以通过这些吉、凶断语，找到应该如何思考与选择，应该如何面对与践行的价值坐标。

卦辞爻辞的主要篇幅是例说；吉、凶断语在卦辞爻辞中所占的篇幅很少，却是那些例说的价值评判标准。如果这些评判标准缺失，那些例说就好比失去灵魂的"行尸走肉"，明象的功能就要大打折扣。这想必就是吉、凶断语在《周易》推理系统中存在的理由。

（原载《社会科学》2012 年第 1 期）

《周易》中的防腐反腐智慧

据《史记》载,周文王姬昌为西伯时,笃仁,敬老,慈少,礼贤下士,因而有崇侯虎者,谮西伯于商纣王:"西伯积善累德,诸侯皆向之,将不利于帝。"政治昏乱暴虐、生活荒淫无度的纣王,立即将西伯姬昌囚于羑里。姬昌在羑里狱中,为自己将要建立的新王朝,编撰了一部治国大纲,即《周易》。姬昌目睹了商王朝这座大厦,在帝乙、尤其帝辛(纣王)执政的几十年时间里,一步一步地渐渐衰落,到加速腐败、即将倒塌的整个过程;他将这一活生生的现实教训及其感悟,以譬喻的方式,分别写进了《剥》《随》《姤》《夬》《蛊》等卦辞爻辞之中。《周易》中的防腐反腐智慧,是我们的优秀传统文化,不仅在三千年的历史长河中曾经起过重要的影响作用,而且也有重要的现代价值,可以为我们当下正在进行的防腐反腐工作借鉴参考。

一、"剥床"譬喻,展示腐败全过程

《周易》第二十三卦,以卧室里的一张木床为譬喻,展示了如何自下而上剥落腐败的全过程,故卦名为《剥》。

《剥》卦六个爻,从下往上连续五个爻都是阴爻,只有最上面一个是阳爻,阴盛阳衰已至极处。如果以阴爻象征小人、阳爻象征君子,该卦便象征小人强势、君子弱势的局面。又,卦象的下卦为坤为土为母,上卦为艮为山为少男,象征意义为:在自然界,山体不断地剥落为土;引入政治社会,强势老母剥夺弱势幼子的权力。本卦阐发的便是后一种义理。

阴阳消长,本来就是自然规律。历史上的武则天、慈禧太后这些都是女中豪杰,管理国家的能力也不在一般男性皇帝之下。只是因为冒犯了男权主义,那些母后当政的历史才被妖魔化了。周文王通过《周易》的乾、坤两卦的排序,明确表达了重阳轻阴、重男轻女的观点,从而将下五阴上一阳的卦象用"剥"字表达,将其义确定为小人强势、君子弱势,并在这一语境下阐述了社会处于剥落时期的君子应该如何规避风险、等待时机的一些原则。

总的原则是"不利有攸往"。在阴盛阳衰时期,君子宜静不宜动,妄自进取必然自取其辱。古人所谓"识时务者为俊杰",即由此而来。承认弱势,全身避害,是这一时期的最佳选择。

几乎每个家庭里都有年深日久而剥落的木床。周文王以日常生活中常见的剥落木床为例,譬喻政治生活中两种势力之间阴盛阳衰的特殊状态,借此譬喻阐发了顺应时势、曲身避害的应肆之道。

卧房一般都选择在住宅中比较隐蔽的位置,而床又都安置在卧房的后侧隐蔽部位。所以,床是家里最容易受潮剥落的一种家具。《剥》卦的前四个爻辞都选择床作譬喻,原因就在这里。床的剥落与阴湿受潮相关,所以剥落也总是由下往上发展,从"剥床以足"、"剥床以辨"一直到"剥床以肤",循序渐进。

《剥》卦的初六、六二两爻辞,通过床足、床辨两个部位的剥落,阐述了不能轻视木床早期腐败的思想。

  初六:剥床以足,蔑贞凶。

  六二:剥床以辨,蔑贞凶。

任何事物都会由盛而衰,都要剥落,这是自然规律。剥落始于何时?古哲说:"日方中方睨,物方生方死。"剥落始于成时,也有一个渐进的过程。虽然剥落之事总要发生,但是推迟并延缓剥落是人们的应尽责任。倘若对初期的剥落持漠然态度,势必会加速腐败的趋势。

"剥床以足",是整张木床剥落腐败的开始。一旦发现床足受潮发霉,就应该立即采取措施,例如用砖石垫高床足,并使卧室通气、减小潮湿度。这样,床的剥落就能得到抑制。如果发现了床足受潮剥落,不采取任何中止受潮的措施,任其继续受潮剥落,势必不断扩大受潮程度,加速腐败。"蔑贞凶",漠视床足受潮剥落必然走向不可收拾的腐败下场。这是对蔑视初期腐败现象者的警戒之言。经济腐败是这样,政治腐败亦然。

由于蔑视床足的剥落,湿气渐渐上侵而渐近于床身的床辨之处:"剥床以辨"。当剥落现象加重,渐至于床身之处,仍然无动于衷任其发展,必然会导致不可收拾的局面早日来临,此时的"蔑贞凶",从凶险程度而言,自然要比床足剥落之后的腐败情况更严重。

轻视早期剥落会有凶险,这一警语连续在两个爻辞中反复出现,体现了作者的高度重视,也反映了他的忧虑和担心。当然,"剥床"只是比喻,作者真正忧虑和担心的不是床而是人,是君子在刚刚开始恶化的处境下的生存状态。倘若君子对刚开始恶化的生存环境掉以轻心,难免要有危险;倘若能引起重视,感觉到已经处于弱势地位,而且这种趋势还将延续下去,就有可能产生自我保护意识,就会顺应时势,不去做劳而无功甚至自取其辱的事情。

"蔑贞凶"是一个断语,不仅指示不可漠视初期的剥落,而且蕴含着"不蔑则吉"的意思:重视初期剥落,积极寻找良策,尽可能消解剥落因素,延缓甚至终止腐败的趋势,走上转危为安的轨道。

《剥》卦的第三、第四两个爻,代表了剥落的中期。在剥

落愈来愈严重、腐败势力甚嚣尘上的时期,如何做一个出污泥而不染的君子,如何面对极度的腐败而临危不惧:

　　　六三:剥之,无咎。
　　　六四:剥床以肤,凶。

　　《剥》卦从下往上连续五个阴爻,象征着阴险小人对健康政体的腐蚀拾级而上不断加剧。六三爻是五个阴爻的中心之爻,从表面来看,应该最能体现阴邪之象。然而,阴与阳、好与坏、污与洁等等,从来都不是绝对的。君子群体中,总会有小人藏匿其间;小人群体中,也会有君子存在。六三爻所对应的是上九阳爻,是本卦中唯一阴阳相应之爻,象征六三阴爻受上九阳爻的感召,毅然脱离两个下位阴爻、两个上位阴爻的束缚,从腐败中脱颖而出,如同泥塘中挺拔而起的荷花一般,出污泥而不染。"剥之,无咎",虽然处身于剥落之中,但是并无过错。无过错,就是因为在普遍腐败的环境里,能够与邪恶势力保持距离,不同流合污,在忍耐中磨砺自己的道德品性,保持君子洁身自好的品德操守。
　　《剥》卦中难得一见的"无咎",应该是对"出污泥而不染"者的一种肯定。然而,在我们所知所见的几十年政治生活中,曾多次出现过对"出污泥而不染"者采取怀疑、甚至否定和莫须有的打击。读了《周易》讲述的剥落故事,

才明白这种做法是有违文王之教的错误行为,从污泥中
走出来的洁身人,我们应该给予"无咎"的肯定和信任。
尤其是在今天,我们更能理解在普遍的腐败环境中保持
洁身自好是一件很不容易的事情;倘若能脱离腐败群体,
加入到反腐败的队伍中来,就更是一件值得赞扬、伸出双
臂欢迎的大好事。

　　当剥落越来越严重,腐败势力已经从暗处走向明处的
"剥床以肤"阶段,君子即便与邪恶势力保持距离、洁身自好,
也很难不受伤害了。"肤"不仅指皮肤,更指身体肌肤,极言
腐败之盛,即便高度警戒,亦已经无补于事。所以,此时此际
的判断语,已不再用"蔑贞凶",而是直接用"凶"了。腐败造
成的灾害,已成为现实,所以,孔子读《易》至此,不得不感叹:
"剥床以肤,切近灾也!"孔子的后裔孔颖达给其祖上作阐释
时明确表述:"切近灾者,其灾已至,故云切近灾也。"宋代的
朱熹也持此论,言道:"阴祸切身,故不复言蔑贞,而直言
凶也。"

　　《剥》卦的最后两爻,讲述腐败到了尽头,总要向反面转
化;由阴而阳的转化过程,耐人寻味:

　　　　六五:贯鱼,以宫入宠,无不利。

　　　　上九:硕果不食;君子得舆,小人剥庐。

"贯鱼"的贯,是一以贯之的贯,如同一支竹签,将几尾鱼儿贯穿在一起。这里讲的贯鱼,是一群活泼泼的鱼儿,像被竹签贯穿着那样,顺序而游入游出。人们经常形容人群行走时的有序状态为"鱼贯而入"、"鱼贯而出",就是由来于此。六五爻为连续五个阴爻的最上一爻,处于天爻之位,所谓"六五为后",贵为掌控后宫权力的王后之象。在小人势盛的剥落局面中,端坐此位者无疑是群小领袖。这位腐败势力的掌控者,也明白阴盛至极,必然会向反面转化。顺应阳长阴消局势的转化,是居于众阴之首的人物必然要郑重考虑的问题和必须选择的唯一路径。

如同垂帘听政的老太后,眼看着儿子已经长大成人,可以亲政天下了,就应该带头交出权力,接受儿皇帝的统治。"以宫入宠",与"鱼贯"相应,意思是:如同贯穿在一起的鱼,后妃恪守妇道,就不会发生任何不利。众阴之首的这一明智选择,无疑是腐败极至状态下的一道豁然开朗的风景线。这种和平的权力交接,可以避免亲人之间、君臣之间的一场血雨腥风。在我国历史上,即便志大如武则天,最后还是放弃了"武周"王朝,主动还权于儿子李显;唐中宗李显也不计前嫌,给了母亲一个"则天大圣皇帝"的尊号。

然而,也有一些不知好歹的太后级人物,在历史的转折关头,选择了不肯将权力交给儿子的举措。例如,春秋时期,鲁成公的母亲穆姜因与大夫叔孙侨如私通,丈夫死后居然还想废除儿子成公,阴谋败露后,被儿子成公迁禁东宫。穆姜在被迁禁于东宫之初,让史官占了一卦,遇《艮》之《随》,史官分析说,穆姜一定能很快脱离困境。穆姜却摇头苦笑,自己分析认为,一个妇人不顾国家利益而参与作乱,作为一个国母而不顾体面只图自己淫乐,元、亨、利、贞四德全无,不可能获得儿子和国人的原谅而脱离东宫之禁。果然,穆姜最终老死于东宫。

"硕果不食",仅存的硕果,没有被吃掉,有说是天道使然,其实还是有德君子顺应弱势、全身避害的原因。试想,倘若李显被母亲赶下台之后,纠集忠良与母亲对着干,不惟跟随他的一帮忠良要遭灾,李显也不会有第二次上台当"唐中宗"的机会。因为有了中宗的复出,此前遭受迫害的贤能之士如长孙无忌、褚遂良、韩瑗等人及其子弟,才有机会得以平反,"咸令复业"。

"君子得舆,小人剥庐",君子出门有车,小人则连起码的茅庐也被剥夺,腐败局面终于得到了实质性的转化。周文王的这一预见,若作全称判断,则未必全对。关键要看权力转换时,究竟是和平方式还是武力解决。穆姜及其叔孙侨如等一班腐败内宫又企图扰乱和腐败鲁国政权的阴险小人,最终的下场岂止"剥庐"? 而武则天母子之间的权力转换,无疑是一个好的典范。

二、择善而从，远离腐败

如果说《剥》卦讲述的是在无可奈何的腐败过程中如何被动防御、等待时机的智慧，那么，《周易》中的《随》卦，则讲述了如何择善而从、远离腐败的智慧。

《随》卦讲述的择善而从，超越了君臣关系、上下级关系，以及夫妻关系、父子关系；包含有追随、随从等内容的随，有四大属性：元、亨、利、贞，体大而畅通，有利益而合乎正道，这样的追随当然能远离腐败。

《随》卦的初九、六二两个爻辞，以譬喻的方式，阐述了一个人在成长的初期阶段，选择追随对象的基本原则：

初九：官有渝，贞吉；出门交，有功。
六二：系小人，失丈夫。

初九爻辞通过"官有渝"和"出门交"这两个譬喻，提出了"随"的两条基本原则：一是环境的变动不能影响从善的标准。尤其是官场中人，不能因为官职的升迁变动，改变从善的标准，不应根据利益趋势作朝秦暮楚的追随选择；只有坚持从善的标准和追随的诚意，才能获得好的效果。在一般情况下，官员的任职时间有规定，官员的职务有变化。就官员本身而言,无论做地方官,还是做京官;无论管辖农业、商业、还是管辖礼仪、人事,抑或税务财政,都应该坚守追随正义、追随廉洁奉公这一原则,这也是为官的一条底线。就追随官员的后生而言,在一般情况下,能管理一方或一行的官员,都是德才兼具的贤能之士,值得尚处于"潜龙"状态的后生学习与追随,获得他们的帮助,为自己以后的发展打下坚实的基础;不能因为地方官员的经常调动,而动摇这种"以官为师"的学习和追随贤能的信念。

二是破除门户之弊,广泛结交朋友;"出门交,有功",走出家门,广交朋友,方知山外有山,天外有天。世上贤能高士多多,从善的质量才有保证。这个例说所阐述的原则,与《同人》卦中所叙说的破除门户之见,与远方朋友交流,即"同人于野"的思想一致。小有差别的是,《同人》故事讲的是主动寻找志同道合的朋友,这里讲的是主动寻找值得追随的贤能之士。后来的孔子,深谙其意,告诉学生,做学问须经历两个阶段:"学而时习之,不亦悦乎;有朋自远方来,不亦乐乎!"第一阶段是闭门自学,第二阶段是开门交流。他率领众多学生四处游学,就是落实周文王的"出门交"思想。

这两条择善原则,出自《随》卦初九爻,显然是为刚刚涉世的年轻人制订的。虽然刚刚走上社会,但善的标准必须明确,根据标准择友、择主,一经选定,便当终生不渝。正因为如此,选择对象的范围宜大不宜小;"出门交",拓视野,开眼界,从上善,无疑是一门终身受用的功课。

于是,便从择善原则导入具体操作。六二爻辞只有六个字:"系小人,失丈夫。"此时的处境,正是告别蛰伏期,踏上社会广交朋友阶段,所以择善须谨慎,切不可随遇而安,拣了芝麻丢了西瓜,留下因小失大的后悔;更不可贪图近利,丧失择善初衷。在人生的这一阶段,切不可因为轻率的选择而滞留于"小人"中间、失去了与"大人"(丈夫)的交往机会。周文王用反面例子"系小人,失丈夫"作喻,可见其用心良苦。

《随》卦的六三、九四两爻辞,讲述了处身于高位者在追随过程中如何坚持择善而从的处事原则:

六三:系丈夫,失小人;随有求得,利居贞。

九四:随有获,贞凶;有孚在道,以明何咎。

"系丈夫,失小人",当然是择善的正确方式。这个方式出现于六三爻辞,顺理成章。因为择善方式正确,所以成为了州官、郡守之类的地方长官(宋程伊川语)的"君子"。然而,这一阶层的"君子"攀升欲望最为强烈,如同科举取士之后那些刚刚博得进士功名的人,当了一任知县,就想着上京"打点",不要"平调"而要"上调"当个知府;刚刚当上知府,又在寻思届满之后上京谋个部职肥缺。仕途捷径的最好办法,往往是拜在某个权贵名下做个"门生"。表面看是择善而从、虚心向学,实际上是谋仕途发展。孔子也说"学而优则仕",读书人谋仕途发展,本属情理之中,只是不能只办私事不办公事。随从贤能,追求的目标能否实现,与择善而从的动机相关;只要择善动机纯正,仕途前景自然会向好。

丈夫(即大人)与小人的标准,不仅是地位的高低,更是人的道德品性的优劣。所以,处身于官场中的人,如何把握"系丈夫,失小人",并不是一件容易的事情。首先是要看清位高者的道德品性的优劣:位高且道德品性高,就是理想的追随对象;位高但道德品性低劣,非但不能追随,而且要避之犹恐不及。否则,难免陷入"上贼船容易下贼船难"的尴尬境地。无论在历史上,还是现实生活中,因为不辨品性优劣而一味追随位高权重者,从随有求得开始,最终随而尽失的教训,比比皆是。近年清除腐败打"老虎"的一件又一件案例,都是在揪出一只位高权重的"老虎"之时,牵连出一批追随"老虎"的"狼"与"狗"。这些"老虎"的追随者,有的从一开始就抱着"明知山有虎,偏向虎山行"的不走正道的态度,也有少数是一开始并未看清追随对象的道德低劣,待渐渐看清"老虎"真面目,自己也已失身上了贼船,只能亦步亦趋,愈陷愈深。

所以,周文王在指示刚进入官场者把握好"系丈夫,失小人"这一原则的同时,要坚守"居贞"即坚持走正道这一底线。

由于社会地位的上升,处境的变化,"随"所带来的好处也从"有求得"转为"有获"。平时讲获与得,意思相同,所以组成了"获得"一词。在源头处,这两字差别很大,"得"是"求"的结果,是追随、从善的进步,如知县上京"拜师"或"述职"之后的上调;"获"是毋须"求"而能得到的结果,如权贵笑纳"门生"的孝敬。当然,"获"不仅有轻轻松松的笑纳,也有冒风险的索取而又称为"斩获"。为什么能无求而获?因为他追随的是最高统治者,手里掌握着各种各样的权力。所以,位高权重的人,很容易享受到无求之获。但是,这种无求之获的风险甚大,若贪得无厌,肯定没有好结果。周文王语重心长地告诫道:"随有获,贞凶。"

处于高位的人,若要在追随、辅助君王的事业中实现自己的人生价值,获得好的结局,应该自我约束、坚持两条基本原则:一是"有孚",要有尽心竭力追随、辅助君王的诚信,就像后世的诸葛亮对蜀国的先帝、后主那种"鞠躬尽瘁,死而后已"的诚信态度;二是"在道",做任何事情都要头脑清醒,合情合理,遵循正道,不能因权重而任性,为所欲为。坚持这两条基本原则,即便位高权重,也能远离腐败。

最高统治者,更要择善而从。因为他的既得利益最多,肩负社会安定和发展的责任也最重。只有从善如流,才能确保既得利益,才能维持社会的安定,才能在社会发展中获得更多的利益。九五、上六两个爻辞,就是对最高领袖追随善的正面阐述:

九五:孚于嘉,吉。

上六:拘系之,乃从维之,王用亨于西山。

孚是诚信,嘉是善,是贤能。对善、对贤能守信,择善而从是出自内心而非作秀,就一定能有好的收获。"孚于嘉,吉",是周文王对"九五之尊"的期许,也是在追随《乾》卦的九五爻辞"飞龙在天,利见大人"这一语境中的具体落实。由此可见,君临天下时的"利见大人",是在上者的从善、从贤,与初出茅庐时尽可能获得贤能之士提携帮助的"利见大人",有很大的区别。初出茅庐时对德高望重的贤能之士的追随,一般都是容易做到的。而居于"飞龙在天"之境的最高统治者,就很难真正能做到"孚于嘉",即真心诚意地尊重贤能之士、听从贤能之士。而一旦做不到"孚于嘉",结局就是"凶"。商纣王虽然是一个"资辩捷疾,闻见甚敏",能力很强的君王,但是不能"孚于嘉","矜人臣以能,高天下以声,以为皆出己之下"(《史记·本纪第三》)。不仅不从善、从贤,相反却重用奸佞小人,如善谀、好利的费仲,善毁谗的恶来等人,以致政治的腐败,生活的奢靡,达到令人发指的程度,最终导致商王朝覆灭、纣王自焚的结局。

最高统治者因为以充满诚意的择善而从而感动天下人,天下人也同样会以至诚的态度追随他。不管他是在权力的顶巅,还是在逆境中,追随之心不会改变。"拘系之,乃从维之；王用亨于西山。"即使处于囚禁状态，仍有人紧紧相随；追随之心，如同君王祭祀西山之神一般真诚。这是紧接九五爻辞阐述九五之尊"孚于嘉"之后，从领袖的追随者角度衬托"孚于嘉"之后获"吉"的具体场景，展示了真诚从善、从贤的领袖，越来越受到贤能之士的尊崇与追随；这种君臣关系，无疑达到了追随的最高境界。

向善的追随到了如此境界，必然远离腐败！

三、防微杜渐，拒绝腐败

防微杜渐，拒绝腐败，是《周易》的又一智慧表达。《周易》第四十四卦《姤》，初爻为象征女性的阴爻，上面五个均为象征男性的阳爻，为一女追五男之象。即便在三千多年前，一女周旋于五男之间，也是不能被世俗接受的一种现象："女壮，勿用取女。"初六爻所象征的女子虽然地位很低、力量也小，但是从发展趋势来看，会在不断削弱阳刚的过程中得到壮大。女壮，不是指当下，而是指发展趋势。所以，《姤》卦的重心在防范，增强防患于未然的意识。

不能娶健壮女子为妻，只是一个类比；小人位卑，却有很大的发展空间，君子必须时时处处提高警惕，防患于未然，才是《姤》卦所要表达的真实思想。

《姤》卦初六、九二两个爻辞，用生动的类比，讲述了要对尚处于弱势的宵小之辈保持高度警惕：

> 初六：系于金柜，贞吉；有攸往，见凶，羸豕孚蹢躅。
>
> 九二：包有鱼，无咎，不利宾。

古谚语："月晕而风，础润而雨。"见微即应知著，防患应于未然。初爻是积聚力量以求他日发展的初始时期，小人势力的形成，同样如此，也有一个悄然积聚力量，尽可能隐蔽自己，静待时机成熟，以求一逞的用心。所以，阳刚的君子对于阴柔小人的戒备，要在其未形成势力之前，就积极采取措施予以遏止。

人们往往会忽视那些力量微弱、处于最底层的小人，以致任其发展，一旦形成势力，后患无穷。"系于金柜"，给车辆安装坚实的车闸。车辆靠轮子行动，若没有安装车闸，或者车闸失灵，谁也不敢动用这辆车，因为失控的车辆随时都有车翻人亡的危险。"羸豕孚蹢躅"，是紧接着的又一例说：小猪虽然羸弱，也有一颗蠢蠢欲动之心。猪是任人宰割的动物，何况又是雌的小猪，其羸弱令人可怜，却也有蠢蠢欲动之念。止恶于未然，不因未成而不为；防患于未然，不因弱小而忽视。

第二爻位是一个力量积聚的时期，尚处在力量积聚阶段的君子，对于处境卑微、力量羸弱的小人，不可产生同情怜悯之心。如若不然，不仅自己的平静生活受到影响，甚至会发生危及性命的重大祸患。"包有鱼，无咎，不利宾"，是一个日常生活类的例说：厨中有鱼，无忧无虑，应该达到了小康水平。宾是客人，即相邻的初六爻。这位阴柔客人善于通过腐败途径削弱阳刚朋友，小康之家一旦交上这位"宾"，结果必然"不利"。可怜之人，必有可恨之处。小人可怜不得。

《姤》的中间两个爻辞，同样以生动的譬喻，讲述了具有一定社会地位、甚至很高社会地位的人，如何防范和抵御阴柔小人的腐化侵蚀：

九三：臀无肤，其行次且，厉，无大咎。

九四：包无鱼，起凶。

有了一定地位的人，自然会成为"女壮"贴近、腐蚀、拉拢的追逐对象。这是小人能够更快地壮大力量、扩大势力的最佳途径。本来至阳至刚的正能量不断被腐蚀变小的过程，同时也是阴邪的能量渐渐生长和变强的过程。阴阳对立的双方，便在这此消彼长的过程中发生改变。阴消阳长的最大原因，不是阴邪势力本身的积聚，而是本来正能量的官员，腐化成为了邪恶势力，从阴邪帮凶转化成为阴邪主体，断绝了复归正道的回头路。因此，拥有一定社会地位的官员，例如程伊川所讲的"刺史郡守"这样的人，务必坚持正道，洁身自好，宁可在官场之中有些孤独,也要持守"世人皆浊我自清"的品性,不受阴邪蛊惑,不与小人结伴。"臀无肤,其行且次",其意至深:居则难安,行则难进;即便到了如此孤独无援的危殆之境,也决不会与阴邪宵小之辈同流合污。这是对地方官吏拒腐蚀时所面临局面的心理描述。周文王的断语是:"厉,无大咎。"意思是说,拒绝来自下位小人的腐浊,会暗藏凶险;但是,坚持这种正人君子的处世之道,不会有大错误。

九四爻与初六爻本来就具有对应关系,如同原配夫妇关系,初六依靠九四是天经地义之事。本来这一对男女相遇,如同天地相遇品物咸章,一定家和万事兴。奈何初六不是贤妻良母,而是一位人皆可夫的壮实女子,以致家道衰落,到了庖厨中无鱼的地步。当然,这些只是譬喻。真实要说的是,位高权重者一旦成为"女壮"的俘虏,被阴邪宵小所惑所控,腐败就成为必然的结果。地位再高权力再大,也将被剥落殆尽,走上"包无鱼"的穷途末路。由此爻辞讲述的故事,不禁联想到前些年因为妻子以及一位心腹助手的牵连,而从权力高位上轰然倒下的人。妻子也是一位富于"女壮"特征的女子,不懂得作为一个高位官员的家属应该怎样做人做事,违法乱纪,为所欲为,帮丈夫倒忙。助手是凭着权力从异地调动、紧跟着他一路擢升。就在关键时刻,妻子、助手东窗事发,他也难以幸免,一下子从权力巅峰堕入谷底,成为阶下之囚。

当然,位高权重者因为来自下层小人的腐蚀而导致"包无鱼,起凶"后果的,不仅来自于壮实的妻子和奸佞贪婪的助手,还来自形式式的宵小之辈的诱惑与腐蚀。庖中无鱼只是一个譬喻,给予人的警示是:无论身居何等高位,都不能因为接受了一时的享乐而陷入困境。无论何时何地,对于相遇的对象应该有所鉴别和选择,尤其是那些邂逅相遇、热情洋溢、见面就熟的人,更要有所鉴别,以免一失足而成千古恨。"起凶",对于拥有相当高位的人而言,意味着从高山之巅跌入万丈深渊,一辈子努力都将付之东流。

《姤》卦最高两个爻的出辞,同样采用形象的譬喻类比,讲述了处在尊位的君子,应该如何处理"女壮"问题:

> 九五:以杞包瓜,含章,有陨自天。
> 上九:姤其角,吝,无咎。

君子对于小人腐蚀的防范,尤其是居于九五之尊的贤明之君对于最底层的宵小之辈的措置,既要有防微杜渐的政策措施,又不能完全依仗手中权力以恶制恶,而应该不露锋芒,耐心等待时机,令其随着自然法则的作用而销声匿迹。"以杞包瓜,含章,有陨自天"是一个形象生动的譬喻,杞是指用杞柳条编织的筐子,瓜是指甜美而容易腐烂的甜瓜,所谓"以杞包瓜",就是用杞柳筐将甜瓜装在里面,不让甜瓜显露出来

（"含章"），任其自然烂掉。

这个譬喻所蕴涵的内容，对来自下层的以壮实女子为喻的小人行径的处置，似乎很有分寸。对待这样一种具有诱惑力和腐蚀性的负面势力，还没到严惩甚至杀头的地步，只需要保持警惕，制订一些必要的防范措施，在可控状况下，任其自生自灭。用味道甜美而有诱惑力、但是又容易腐烂的甜瓜，类比性感而有诱惑力的壮实女子，显然能使人联想到两者之间的共通性。至尊的君子，将充满诱惑力的甜瓜装进杞柳筐，任其自然消亡，可见其不接受小人诱惑的态度十分明确。

不接受"女壮"的诱惑，不等于不接近"女壮"。君子对待小人的态度，不应采取远远躲避的办法，而应该接近她，然后设法感化她，或者阻止她。如果因为小人的损人行为而采取远离的极端态度，虽然未必可取，但也不能视为过失，这就是周文王所说的"吝"但是"无咎"。在我国历史上，对于那些愤世嫉俗、不愿与小人为伍而远离俗世的逸民、高士，一直存在两种不同的看法。一种持赞美的看法，认为这种人不与小人同流合污，值得推崇；另一种持批评的态度，认为这种人太重视和珍惜自己的物质生命，对人类全体的生活漠不关心，丝毫没有服务的观念。"吝"，即是对遁世高人的批评。不管怎样，这也算是正人君子防范邪恶及身的一种办法，一种消极应对腐败的办法。

四、发动民众,清除腐败

如果说以上几卦讲述的是如何防腐,那么,《周易》中的《夬》卦讲述的便是如何反腐的问题。

《夬》卦有一个阳光而又充满忧患的卦辞:"扬于王庭,孚号有厉;告自邑,不利即戎,利有攸往。"夬,本为拉弓时戴在大拇指上的护套,弦由此将箭弹离;由此延伸义:决断。《夬》卦五阳一阴,表达了众阳与居于上位之一阴决断,即处于不同地位的君子,应该如何与居于高位的腐败势力决断。

与高位腐败势力决断,一要公开,二要戒惧。

与腐败决断,是一件光明正大之事;因为腐败势力身处最高位,与之决断也必须在高层公示:"扬于王庭"。将腐败势力的罪行公开于高层,以示公正而无私隐。然后,"孚号有厉",以安天下的至诚之心,召告腐败势力居于高位的危害性,号召全体臣民一起讨伐,将其从高位上清除出去。战国中期,善养浩然之气的孟子与齐宣王讲评如何与高位腐败决断一事:

> 齐宣王问曰:"汤放桀,武王伐纣,有诸?"孟子对曰:"于《传》有之。"曰:"臣弑其君可乎?"曰:"贼仁者谓之贼,贼义者谓之残,残贼之人谓之一夫。闻诛一夫纣矣,

未闻弑君也。"(《孟子·梁惠王章句下》)

在商周的礼仪中,臣弑君是大罪。然而,在孟子看来,君是有类别的,有仁义之君,有贼仁贼义之君。仁义之君当然不能弑,但是像夏代的桀、商代的纣,是贼仁贼义之君,是独夫民贼,所以诛杀纣不是弑君而是诛杀独夫民贼,是清除高位腐败的正当行为。孟子理直气壮地向齐宣王讲:"闻诛一夫纣矣,未闻弑君也。"根据就在他所推崇的周文王所写的《夬》卦卦辞中。

公开,是与高位腐败决断时必需的方式,既示公正性,也具合法性。

古人说:"易而无备,则有不虞之悔。"因为容易,就会由于疏忽而发生意外之过。何况,腐败而能居于最高位,自有其过人伎俩;久居高位,自也有一众党羽。所以,不能因为腐败已经相对孤单,就以为与之决断、清除腐败于高位是一件马到成功的容易事情。在发动民众讨伐腐败的同时,务必要向民众讲明清除腐败过程中的危险性,谨防高位腐败势力的垂死挣扎;倘若清除腐败之事发展不顺利,不惜动用武力。"告自邑,不利即戎",充满着忧患意识。正是有了这种戒惧意识,反腐行动才能万无一失。周文王、周武王父子率领本部落民众,将腐败透顶的纣王送上断头台的艰难历程,是这一卦辞的最好注解。

《夬》的最初两个爻辞,是关于反腐行动的初始阶段,需要保持高度戒惧状态的形象叙说:

> 初九:壮于前趾,往不胜为咎。
>
> 九二:惕号,莫夜有戎,勿恤。

反腐败是一个持久的较量过程。在行动初始阶段,应有一个缜密完备的筹策,然后才能付诸实施。"壮于前趾"是一个譬喻,告诫不能在未筹策之前就急于行动。未作形势分析,未尽行动筹划,就轻举妄动、孤军深入,一旦失利,不仅不能清除腐败,反而自取其辱。周武王清除高高在上的商纣王,能够一举成功,就在于他能够避免"壮于前趾"的轻举妄动,审时度势,在最成熟有利之时,才正式开启讨伐帝纣的军事行动。

据《史记》记载:"帝纣资辩捷疾,闻见甚敏;材力过人,能格猛兽;知足以拒谏,言足以饰非;矜人臣以能,高天下以声,以为皆出己之下。"不仅如此,他还"厚赋税以实鹿台之钱,而盈巨桥之粟","大聚乐戏于沙丘,以酒为池,悬肉为林,使男女倮相逐其间,为长夜之饮"。以致百姓怨望,甚至有诸侯叛者,纣乃设施"炮烙"酷刑。周文王死后,周武王首次兴师东进,欲伐纣王,至盟津,"诸侯不期而会盟津者八百诸侯,皆曰:'纣可伐矣。'"武王经过一番深思熟虑,认为纣王身边还有比干、箕子等贤人辅政,伐纣的时机还未成熟,决定还师等待。两年之后,帝纣王昏乱暴虐滋甚,比干强谏,触怒纣,竟然将比干开膛挖心。箕子恐惧,祥狂为奴,仍被帝纣囚禁。周武王认为清除高位腐败势力帝纣的时机终于成熟,这才遍告诸侯:"殷有重罪,不可以不毕伐!"与诸侯会兵车四千乘,陈师牧野,正式举起了讨伐帝纣的旗帜。

切莫因为反腐势在必然而掉以轻心,疏忽大意。在反腐的每一时刻,都要不忘危惧,警惕腐败势力的阴谋,防范其随时有可能发动的反击。"惕号,莫夜有戎,勿恤",是一个充满危惧意识的譬喻:大声疾呼警惕口号,即便暮夜有敌人偷袭,也毋须担心失利。因此,倘若能够处无事若有事,也就能够处有事若无事,虽夜半遭袭,亦处惊不乱,泰然应对。

《夬》卦的第三、四两个爻辞,对身居官位者在反腐行动中应该如何作为进行了形象生动的叙述:

九三:壮于頄,有凶;君子夬夬,独行遇雨,若濡有愠,无咎。

九四:臀无肤,其行次且;牵羊悔亡,闻言不信。

用宋代理学家程伊川的话来说,处于第三爻位的"君子",相当于刺史郡守一类的人。在反腐行动中,最尴尬纠结的往往是这一类在官场中有一定地位、并且与高位腐败势力有着某种牵连交往的人。这类人也明白腐败势力应该被清除出局，也必然会被清除出局。如果激于公义，拉下脸与高位腐败决裂，便会招致腐败势力的憎恨甚至杀戮，必然凶险异常。"壮于頄，有凶"，讲的就是这种情况。如果虚与委蛇，心存决断但不动声色，又会被刚毅的君子误解与腐败势力妥协，心中难免懊恼。"君子夬夬"，是"壮于頄"的延续，将情绪上的决断转向行动上的决裂。"独行遇雨，若濡有愠"是一个极其形象的譬喻，道尽这一类君子在"夬夬"之后的遭遇：单独行走在路上，遇到了一场雨，虽然外面的衣服被淋湿，但是里面还有一件棉絮衣服，因而无妨。这一件能遮风挡雨的棉絮衣服（愠），正是处于九三爻位因而与上六爻的高位腐败者有千丝万缕联系的君子，内心存在着的那一颗与高位小人决断之心。

与高位腐败者决断，地位愈高，牵扯愈多，患得患失之念也愈多。于是，在行动上，就难免举止失措、瞻前顾后、迟疑不决。"臀无肤，其行次且"，屁股上脱了皮，既不能坐下，又不便站起来走路，一副坐立不安、举止失措的状态。"牵羊悔亡，闻言不信"，羊牵在手里还怕它逃走，别人的忠告将信将疑，一种缺乏自信、迟疑不决的心态。面对高位腐败者，君子的失措与迟疑显然会导致凶险。镇定与果断，才是高位大臣与高位腐败者决断时的制胜之道。

从坐立不安、举止失措的"其行次且"里，从缺乏自信、迟疑不决的"闻言不信"里,我们似乎感觉到了高层官员在与上位的腐败势力决断时的那种忐忑不安的心情。

《夬》的最后两个爻辞,是关于身居尊位者与高位腐败势力决断、高位腐败者终难逃脱被清除命运的形象描述:

九五:苋陆夬夬,中行无咎。

上六:无号,终有凶。

清除高位腐败之难,在于清除工作的主事者九五之尊与清除对象的关系太近了。按两者的关系,本是至亲至近关系,有如割苋陆草那样,地表的草很柔嫩,稍一用力就能割掉,然而地下的根系却很刚硬难除。执掌朝纲的至尊权威,必须痛下大义灭亲的决心,才有可能将苋陆斩草除根,永绝后患。

既然连至亲至近的当国至尊都下了"苋陆夬夬"的除奸决心,并且以"中行"的姿态大义灭亲,高位腐败者自然也就走投无路,"无号"即哭喊求饶都已无济于事。"终有凶",无论怎样延缓,终究厄运难逃。这是上六爻所象征的高位腐败者的必然结果。

纵观《夬》卦的反腐败的整个过程:下层的反腐热情很高涨,又是"壮于前趾",又是"惕号";到了官场,便开始有了"独行遇雨"的不爽遭遇,"臀无肤"的坐立不安,"牵羊悔亡"的患得患失。一直到了上层至尊位,由于痛下决心,采取快刀斩乱麻的"苋陆夬夬",高位腐败者才得以清除,反腐败取得了成功。

周文王向人们描述的这一切,与今天在我们身边正发生的反腐败斗争,多么相似!

五、父母之蛊:反腐方式的选择

反腐败能否取得成功,尤其是向高层瘫痪开刀,反腐方式的选择至关重要。《周易》中的《蛊》卦,便是关于高层反腐原则及其方式选择的叙述。

《蛊》卦之象,下巽上艮。巽为长女,艮为少男,该卦有长女主动追求少男即"女惑男"的含意。《蛊》卦之名,器皿中有虫,本义为食物腐败。在《周易》六十四卦中,是唯一直接表达腐败之义的卦。

政治腐败、生活腐败,古已有之。周文王面对的就是商纣王的全面腐败。腐败不是好事,却可以因势利导向好的方面转化;腐败中蕴含着新生,腐败能激发人们的改革决心,正是才德之士有所作为之时。因此,周文王赋予清除腐败以"元亨"即大大畅通的属性,可以经受"涉大川"的风险考验。清除腐败并不是一件容易的事情,其间多有凶险。清除腐败的每一举措,都要深思熟虑,"先甲三日,后甲三日",事先要有周密的布置,还要估计到事后的可能结局;重要的反腐政策的出台,既能够铲除滋生腐败的根子,又能防止产生新的腐败,诚如唐代的《周易正义》作者所言:"善救则前弊可革,善备则后利可久。"病急乱投医,朝令夕改,不仅无助于清除腐败,甚至会加重腐败的病情而陷于"疾不可为也"的境地。

腐败分为两类,一类是政治、经济上的腐败,另一类是生活上的腐败。《蛊》卦以父之蛊、母之蛊为喻,对这两类腐败的清除方式作了阐述。

《蛊》卦重点分析"父之蛊",因为一个政权的腐败,核心是政治、经济的腐败,政治上的蝇营狗苟、权力的滥用与失控等等,经济上的行贿索贿、苛捐重税、贪得无厌等等,是导致天怒人怨、政权摇摇欲坠的关键。六个爻辞,就有三个"干父之蛊"、一个"裕父之蛊",一方面表明政治上经济上腐败之严重,另一方面也在说明清除腐败的复杂性。

《蛊》卦的六个爻辞,都是以儿子替父母清除腐败为喻。初六、九二两个爻辞,是清除腐败的初期阶段,儿子虽然还处在积聚力量的状态,却是新生力量的代表:

初六:干父之蛊,有子,考无咎,厉,终吉。

九二:干母之蛊,不可贞。

清除腐败要趁早,否则积重难返。清除腐败的希望,寄托在年轻一代身上。"干父之蛊,有子,考无咎。""子"是年轻人,新生力量;"考"是老年人,是受蛊惑之人。有了清除腐败的新生力量,腐败的局面就能得到遏止。正如毛泽东说过的那样:"世界是你们的,也是我们的,但归根结底是你们的。你们青年人朝气蓬勃,好像早晨八、九点钟的太阳,希望寄托在你们身上。"正因为世界归根结底是年轻一代的,所以年轻人才有义无反顾地反腐败的决心。虽然反腐败的力量尚或不足,但是在反腐败的过程中会逐渐壮大。"厉,终吉。"厉,是危险;终吉,指反腐败是一个既长又复杂的过程,既含有对反腐败初期局面复杂性的估计,也表达了对反腐前景的肯定。

人们往往以为,腐败是一个王朝行将崩溃之时的必然现象,因而清除腐败是末代王朝所面对的事情。其实不然。从历史上看,几乎所有新政权伊始,都面临着清除腐败的问题。李自成为首的农民起义军虽然推翻了明王朝,却因为部属一进王城就产生腐败而分裂,"大顺"国旗没撑几天就归于尘土。清朝后期,洪秀全为首的农民起义军攻进南京城之后,群王腐败,军心民心一时涣散,"太平天国"的旗帜,很快就从明朝洪武皇帝朱元璋建造的南京城楼上消失。有鉴于此,中国共产党在进入北京城前夕,于北京郊外专门开了一个党内高级干部会议,毛泽东郑重告诫大家:不要做第二个李自成!即便如此,仍有共产党干部腐败,毛泽东只得杀掉了天津的两位高级干部,以儆效尤。然而半个世纪之后,党内腐败死灰复燃,愈演愈烈。幸而反腐自有后来人,正应了周文王的"有子,考无咎"。反腐败是一场持久战,我们不仅要有耐心,更要有信心;反腐败是民心所向,一定能取得成功,还人民一个朗朗乾坤,正如周文王所言:终吉。

另一类腐败称为"母之蛊"。"干母之蛊"即清除母亲的腐败,不能采取清除父亲身边的腐败的那种方式。究竟采取什么方式?周文王只是说了"不可贞"三个字。为什么不能认真查办"母之蛊"?或者说,不能采用"干父之蛊"的方式查处"母之蛊"?因为母亲的腐败是后宫里的腐败,例如养宠男等淫乱行为。这是家丑,不可外扬,只能悄悄处置。秦始皇的母亲,本来就与吕不韦有染,当了太后仍不收敛,蓄养宠男于后宫。始皇无奈,将母亲的宠男悄悄杀掉,再将母亲打入冷宫。这样做,也算是遵循了先圣的"干母之蛊,不可贞"这一条遗训。

母之蛊也是一种腐败,必须清除;如果任其发展,生活上的腐败有可能影响到政治、经济上的腐败。一旦坐大,皇权都有可能旁落。历史上,这样的教训也不少见。最典型的例子是唐代的武则天,发展到后来居然废除儿皇帝、自封"圣神皇帝",改国号为"周",直至临死那一年,才将皇权归还儿子中宗。由此可见,儿子"干母之蛊"不仅"不可贞",要考虑"家丑不可外扬"的传统习惯,还有一个量力而行的问题。唐代的中宗皇帝之所以不仅不能"干母之蛊",还任由母亲随意将自己废立,就是因为生活上不检点的母亲能力太高、实力太强了。中宗玩不过母亲,只得自认倒霉,听之任之。

《蛊》卦的九三、六四两个爻辞,讲述具有了实力的情况下,应该不失时机地展开反腐败:

　　　　九三:干父小有悔,无大咎。
　　　　六四:裕父之蛊,往见吝。

　　新生力量日益壮大,就应不惜采取强有力的手段清除政治上、经济上的腐败。"小有悔,无大咎",矫枉过正,难免有偏差,虽有小错也不会影响大局。

　　九三爻是阳爻居阳位,其象刚毅;九三之位,亦已完成力量积聚,可以"终日乾乾"、大干一番事业的阶段。以终日乾乾的精神,投入反腐败斗争中去;雷厉风行之际,可能会有过激行为、过火举措,难免心中生"悔",但是这种"有悔"与反腐败这项大事相比,都是小小之悔,不足挂怀。"无大咎"是对"小有悔"的评判:当你斗志昂扬地投入到清除腐败的行动中去时,不必太在意方式方法上的小失误,要继续坚定不移地清除腐败。

　　如果宽容腐败势力,既想挽救败局,却又不能严肃整治腐败现象、刨根究底铲除腐败根子,反腐的结果,只能自取其辱。六四爻是近君高位,是清除腐败的领头人,在这个位置上却要"裕父之蛊",无疑是姑息养奸。秦朝丞相李斯姑息养奸,宦官赵高坐大,其结果,不仅秦王朝"二世而亡",李斯也难逃杀头的厄运。在中国历史上,李斯的"裕父之蛊",算得上是最典型的教训。李斯为了保全自己的既得利益,一次又一次地面对腐败势力采取宽容的态度,最终不仅自己的身家性命不保,而且数十年来与秦始皇一起打拼得来的一统江山,也很快分崩离析,转手他人。李斯如果不犯"裕父之蛊"的错误,身居高位而能坚定不移地清除腐败,那么,秦王朝不会二世而亡,李斯在中国历史上的地位,也就能与周公并列。

《蛊》卦的六五、上九两个爻辞,对最高层面上的清除腐败、以及清除腐败之后如何开创清明盛世的问题作了阐述:

六五:干父之蛊,用誉。

上九:不事王侯,高尚其事。

即便登临九五之尊,掌握了最高权力,清除政治腐败、经济腐败,也不可能由新君一人所能办到。"用誉",起用、信用、重用那些有良好声誉的贤能之士,齐心协力,铲除腐败,并且巩固反腐成果。

战国初期的墨子专著《尚贤》一文,提倡人人为贤;主张执政者要崇尚并且重用贤能之士。而之前六百年的周文王,不仅主张崇尚和重用贤能之士,而且在特定的历史时期,要特别注意任用具有重大社会影响力的贤能之士,在清除政治经济腐败时,更需要"用誉",任用有名望有声誉的贤能之士,作为"干父之蛊"的主要力量。

当然,并不是所有的名士都愿意走仕途之路。他们不愿意走进庙堂为统治者服务,愿意隐居乡间做学问、为乡里传播文化、做有益乡里的事情,政府应该尊重他们的选择。"不事王侯,高尚其事",隐士的可贵在于其精神,即高尚的气节和不为高官厚禄所动的原则。这是数千年来隐士之所以一直受到人们尊重的主要原因。清除腐败、开创新的太平盛世,也应尊重那些不愿涉足仕途的高士,推崇他们的不世之学。隐逸高士的淡泊宁静,也是整治腐败的一帖良药。

《周易》中的防腐反腐智慧,无疑是今天防腐反腐的源头活水。

(原载《毛泽东邓小平理论研究》2017 年第 9 期)

《周易》中的男女伦理观

男女关系中的伦理观念，是展示伦理道德的一个重要方面。从目前已知的古籍资料来看，男女伦理观的最早最系统的展示，是在古经《周易》中。《周易》中有关男女伦理的思想，不仅是周王朝建立之前的男女伦理观念的集中展示，也给周王朝以来华夏子孙在修身、齐家的实践中提供了一个完整系统的男女伦理观。历代儒家对修身、齐家的实践性方面有诸多关于男女伦理的礼仪规范及思想阐述，其实都是在《周易》男女伦理观框架内的展开。而从《周易》本义的角度作考量，《周易》蕴含的诸多很有价值的男女伦理观念，尚未被后代人所完全开发。本文的目的，主要是通过对《周易》中的男女关系问题的展示，从一个特殊的方面说明《周易》确实是中国传统文化的源头；同时，也对一些尚未开发的思想资源，作尝试性开发，深入探究中国优秀传统文化的当代价值。

形形式式的男女关系

《周易》系统有八个经卦,每个经卦各代表一类事物,《说卦》一文有集中表达。例如:"乾为天,为圆,为君,为父,为玉,为金,为寒,为冰,为大赤,为良马,为老马,为瘠马,为驳马,为木果。"代表对象计有十四种之多。代表种类最多的是经卦《坎》,列有二十种之多。《说卦》中的这种汇编,看似有些杂乱无章。其实,在《周易》的类推思维实践中,同一语境中的八经卦所代表的事物是确定而有序的。同样在《说卦》一文的开头,就有三个语境系列的有序说明,其中有一个语境系列这样说道:"乾,天也,故称乎父。坤,地也,故称乎母。震一索而得男,故谓之长男。巽一索而得女,故谓之长女。坎再索而得男,故谓之中男。离再索而得女,故谓之中女。艮三索而得男,故谓之少男。兑三索而得女,故谓之少女。"除了已为父母的乾、坤两个经卦,还有震、巽、坎、离、艮、兑六个经卦,作为长男、长女、中男、中女、少男、少女而存在。

《周易》六十四卦,均由两个经卦重叠而成,故又称重卦。重卦中的两个经卦,下位经卦称下卦或内卦,上位经卦称上卦或外卦。一个重卦的卦名及其属性,往往由上下经卦之间的关系而确定。《周易》中的男女关系的表达,主要也由象征长男、长女、中男、中女、少男、少女这六个经卦的两两重叠、上下位置的变化而展现。例如：以男性处下、女性处上而两两相重的卦计有九种：咸（少男下少女上）、旅（少男下中女上）、渐（少男下长女上）、困（中男下少女上）、未济（中男下中女上）、涣（中男下长女上）、随（长男下少女上）、噬嗑（长男下中女上）、益（长男下长女上）。

以女性处下、男性处上而两两相重的卦也有九种：损（少女下少男上）、节（少女下中男上）、归妹（少女下中男上）、贲（中女下少男上）、既济（中女下中男上）、丰（中女下长男上）、蛊（长女下少男上）、井（长女下中男上）、恒（长女下长男上）。

以上共计十八种形式的男女关系，除了表达处上与处下的关系，其上下经卦之间的关系，也可称为内卦与外卦即主内与主外的关系，如《恒》卦可视为长女主内长男主外；也可视为下追上的关系，如《咸》卦即可视为少男追求少女，《蛊》卦可视为长女追求少男。所以，以上十八种关系中的前九种，均为男处下，可视为男追女的关系；后九种，均为女处下，可视为女追男的关系。

除了上述十八种形式的男女关系，《周易》中还有以一卦中的阴阳爻之间的关系譬喻男女关系的重卦，例如：有一个初爻为阴爻，上面五个爻均为阳爻的卦，取名《姤》，也是一种特殊的男女关系的展示。《周易》中还有以男女关系为譬喻，展示卦爻之象所蕴含的义理，例如：《大过》卦九二爻辞中的"老夫得其女妻"、九五爻辞中的"老妇得其士夫"。

以上种种男女关系,基本上囊括了人类社会中的所有男女关系。《周易》作者,正是通过对这些形形式式的男女关系的考察,作出了具体的价值判断,明确地表达了自己的男女伦理观,从一个特殊的视角,为人类社会的稳定、多彩和健康发展,树立了标杆,指示了方向。

从"男追女"与"女随男"看男女伦理观

在《周易》下经中序列最靠前的《咸》《恒》两卦,前一卦象为男追女,后一卦为女随男,很典型地展示了男女之间亲密关系状态下的伦理观念。

以上、下经卦关系所表达的十八种男女关系,第一种关系是少男追求少女的《咸》。这一种男女关系之受到周文王的重视,也可以从《咸》被列为《周易》下经的首卦这一安排中得以显示。《周易》的上经以乾、坤两卦的天地之道开篇,下篇则以少男少女相爱的人道开篇。其实,少男追求少女的两性关系被先人视为人道中最重要最注目的事情,不仅存在于作为治国大纲的《周易》中,也存在于记录民间风俗的《诗经·国风》中,一篇描写少男思慕、追求少女的恋歌《关雎》,被列为三百篇诗歌的第一首。在这首恋歌中,以贞洁慎匹的雎鸠为喻,描写了一位少男对一位勤劳而又美丽的少女的梦寐以求的思慕和渴望与之结为伴侣的心情。恋歌以"君子好述"为前提,从"寤寐求之"、"辗转反侧"到"琴瑟友之"、"钟鼓乐之",展示了少男追求少女的全过程。这首恋歌的问世,与《周易》的诞生属于同一时代,后世的孔子在整理编辑三百篇诗经时,将这首少男追求少女的恋歌列于三百篇之首,很有可能是受到《周易》将少男追求少女的《咸》卦列为下经之首的启示。

人类社会的繁衍和发展,始于青年男女的婚配。无论男女,生理上的发育到达一定阶段,自然而然产生了性的欲念,性欲加上情感,便产生了男女之间的爱情。"男大当婚,女大当嫁",是人类繁衍和发展的自然规律。所谓"男大"、"女大",实际上是指孩子长大成人,适合谈婚论嫁的年龄。在古代,"芳龄二八",即十六岁少女,便是当嫁的年龄。虽然古代有男尊女卑的传统观念,但是在谈婚论嫁这个阶段,男方主动追求婚配却是一个不变的规则。无论是民歌《关雎》还是《咸》卦的六个爻辞,都反映了少男追求少女的伦理原则。

《咸》卦卦辞为:"亨,利贞;取女,吉。"表达了少男追求少女的两条基本原则:一是"贞",谈恋爱要发乎自然,以真实的情感作为基础,尤其是主动追求少女的少男,要怀有一颗真诚之心。二是"取女",少男追求少女的目的是婚娶,不能"始乱终弃",以玩弄少女的情感为目的;取即娶,以婚娶为目的的谈情说爱才合乎正道,才会吉利。这两条基本原则,一直成为几千年来青年男女之间谈情说爱时的最基本的伦理规范。

《咸》卦六个爻辞,讲述了在"取女"之前少男追求少女的整个过程:初、二爻讲述了少男追求少女的情感萌动期,相当于《关雎》的第一节:"关关雎鸠,在河之洲;窈窕淑女,君子好逑。"尚处于少男对异性情感的萌动状态。第三、四爻则开始了"咸其股,执其随"这种付诸行动的追求,并进入了"憧憧往来,朋从尔思"的朝思暮想状态,相当于《关雎》中的第三节所描写的状态:"求之不得,寤寐思服;优哉游哉,辗转反侧。"这是一种已经有了接触、交往之后生长出来的爱恋之情,是一种发乎自然之性的情思。从"往来"与"朋从"透露,青年男女之间这种发乎自然的思慕是相互的,不仅少男思恋少女,少女也同样思恋少男。唯其如此,少年男女之间刻骨铭心的恋爱才有可能推向第五、上爻所描述的高潮。九五爻辞的"咸其脢,无悔",是少男少女之间无怨无悔的山盟海誓。上六爻辞的"咸其辅、颊、舌",将少男少女的恋爱推向巅峰:接吻。三千年前的周文王,将少男少女的情感交流场所定位在辅(上额)、颊、舌,也足见我们的远古先人在男女关系上的意识其实是很开放的。当然,这样的情欲开放必须符合情感真实(贞)和动机纯正(取女)这一伦理规范。

一旦成家立业,男女之间的伦理关系也就随之发生转变,女子由恋爱时的被追求对象,转变成为追随者;男子在恋爱时期的追求人,转变成为被追随对象。在《周易》中,紧随

《咸》卦之后的《恒》卦,内经卦为巽外经卦为震,象征成家立业之后长女追随长男,奠定了女主内男主外、夫倡妇随的家庭伦理基调。内卦为巽、外卦为震的卦象,取名为《恒》。恒,久远不变之意。后世的老聃所著《老子》,开首便是"道可道,非恒道",恒道是不能用言语表达的自然之道,后人又将其中的"恒"字,更写为"常"字。可知周文王取用《恒》卦之名的含义,乃为天长地久的人伦之道。这种人伦之道是由永恒不变的自然之道演化而来的一种可以用语言表达的具体之道,是家庭伦理的首要表达。

流传至今数千年的男主外女主内、夫倡妇随的家庭伦理,即肇源于此卦。夫妻关系贵在长久,以天长地久、白头偕老为理想的伦理观念,亦渊源于此。

《恒》卦的卦辞揭示,确定这样一种夫妻伦理,有三个好处:一是"亨,无咎",家庭主要成员之间的关系顺畅,处理家庭事务不会发生失误。二是"利贞",男主外、女主内的分工明确之后,有利于丈夫与妻子位其所位,各守其职。三是"利有攸往",夫妻关系的正确定位,有利于家庭前景的向好。人们在生活实践中不断地看到并体悟到,凡是遵循《周易》中所倡导的夫妻之道,不仅夫妻关系能够保持久远,家庭事业也必然兴旺;如果背离这一夫妻之道,不仅夫妻关系难以长久,矛盾不断的家庭也不可能兴旺发达。家庭是社会的细胞,每一个社会细胞的健康发展,是整个社会健康发展的基础。几千年来中国社会能够一以贯之地延绵发展,与周文王通过《恒》卦确定的夫妻伦理原则有着密切的关系。

在每一个家庭内部,夫倡妇随这一伦理关系的确立,往往需要有一个逐渐磨合的过程。谈恋爱时,少男追求少女,不仅谦卑,还要仔细揣度姑娘心思,唯恐有失。一旦将姑娘娶回家里,如果马上改变为一副居高临下之态,让妻子惟命是从,夫妻关系显然要发生危机,对今后夫妻关系的发展造成负面影响。夫妻关系的原则虽然是男尊女卑、夫倡妇随,用后来儒家的说法是"夫为妻纲",但是在妻子刚进门的时候,还是要让她有一个逐渐适应的过程。《恒》卦的初六爻辞"浚恒,贞凶,无攸利",就是对年轻丈夫的一种善意提醒。浚之义为深,引申为高标准严要求;浚恒,刚结婚,就对夫妻之道高标准严要求。这种要求本没有错,完全合乎夫妻之道,却因为操之过急而招致新婚妻子的反感,产生抵触情绪。"贞凶"与"无攸利",便是操之过急带来的后果。任何事情,都有条件性,"贞"即"正"若不合时宜,也会走向反面,成为"贞凶"的结果;新婚夫妻的"浚恒",也因为未经磨合期而不合时宜,对夫妻感情、家庭事业的发展带来不利影响。

夫倡妇随必须建立在自愿的基础上,成为一种自觉的观念而落实于行动,才能成为丈夫与妻子的一种德性,才是真正意义上的夫妻之道。作为丈夫,既要将"倡"视为一种家庭中的最高权利,也要将它看作是一种重要的责任和义务。这样,他的一言一行就有了自我省视和自我监督的要求;对于妻子而言,因为丈夫的"倡"有了质量的保证,她的相随也就有了信心,从而转化成为自觉的行动。于是乎,无论是"夫倡"还是"妇随",就再也不会有后悔的事情发生。

"悔亡",是对九二爻的象征意义的简约评判。夫妻之间以刚相处,必然时有争执,纠纷难解,后悔之事频仍。然而九二爻所象征的意义,则是以阳居阴、刚而处中,既有夫妻之道的原则性,又有柔的灵活性,更可贵的是秉持"中"即不偏不倚的持中态度和夫妻之间不可缺少的中肯态度。所以,后人在释读周文王的这一简约评判时言道:"九二悔亡,能久中也。"夫妻之间秉持的"中",不是一时一事的"中",而是保持长久的"中",才能消解后悔之事的发生。

"能久中",无疑是新婚夫妻在磨合时期需要保持的一种态度。

在经历磨合之后的漫长岁月中,并不排除仍有越出夫妻之道的情况发生。九三爻辞中的"不恒其德",讲的就是不能坚持夫妻之道的情况。不恒其德的情况,夫妻双方都有可能发生。例如,丈夫的喜新厌旧,妻子的红杏出墙。无论丈夫还是妻子,脱离夫妻之道的行为,都会带来洗不净的羞耻。"田无禽",是因为打猎走错了地方;"或承之羞"的一世蒙羞,是因为背离了夫妻之道。正如《诗经》中的《击鼓》所写:"执子之手,与子偕老。"长男长女都要恪守夫妻之道,不断培养执手共老的情愫。

在夫倡妇随、执手共老的过程中,柔顺服从对于妻子而言无疑是一种美德,对于丈夫而言则不仅不能视为美德而且还会导致家庭秩序混乱的局面,出现牝鸡司晨的反常现象。周文王通过六五爻辞中的"妇人吉,夫子凶",明确指出了在携手终老的任何时间段,夫倡妇随这一伦理原则都不可以改变。后来儒家倡说的"夫为妻纲"伦理观,正是《恒》卦这一伦理原则的承继。

《咸》《恒》两卦通过少男追少女、长女随长男这两种不同年龄段的男女关系的剖析,具体展示了不同年龄段的男女之间所应持有的伦理观。

这种伦理观,影响了华夏子孙近三千年。历史的车轮驶入公元二十一世纪,随着人类社会的现代发展,男子、女子在社会经济与家庭经济中角色与作用的变化,相应地对男主外、女主内的格局产生影响和改变,承继了几千年的男女之间的这一伦理观也发生了很大改变。不仅青年男女谈恋爱,少女主动追求少男成为正常现象,家庭中的长男长女关系也往往因人而异,夫倡妇随的观念已被视为不合时宜的陈规旧俗。在一个现代家庭里,"妇人吉,夫子凶"的观念已被男女平等所替代,无论"长男"还是"长女",谁的能力强,就听谁随谁,已视为"恒德",成为常态。

年龄在男女伦理中的重要性

在《周易》中，男女之间的追求与追随，因为双方在年龄方面的大小差异，而有相应的伦理评判标准。《周易》作者对《咸》《恒》两卦所展现的男女关系，给予充分的肯定。而有些卦象所展现的男女关系，《周易》作者则作出了明确的否定。最典型的例子，就是《蛊》卦卦象所展现的男女关系。

《蛊》卦下巽上艮，巽为长女、艮为少男，该卦卦象为长女追求少男，寓长女蛊惑少年之义。蛊字由虫、皿两个单体字合成，意为一器皿中生了虫子，表明食物已经变质腐败。周文王选用"蛊"字作为该卦卦名，明确地对长女主动追求少男这种现象表示否定之意。《左传》中有一段秦国一位名医在给晋侯看病时借助《蛊》卦谈病的记载：

> 晋侯求医于秦，秦伯使医和视之，曰："疾不可为也，是谓近女室，疾如蛊。"赵孟曰："何谓蛊？"对曰："淫溺惑乱之所生也。于文皿虫为蛊，谷之飞亦为蛊；在《周易》女惑男、风落山谓之蛊，皆同物也。"（《昭公元年》）

按古人理解，《蛊》下经卦"巽"不仅象征长女，也象征风；上经卦"艮"不仅象征少男，也象征山。《蛊》卦不仅象征长女诱惑少男,也象征风将山木树林吹落之象,所以秦国的医和才有这一番分析。

《蛊》卦的上下经卦之间关系所象征的意义,被视为长女诱惑少男这一特定的男女关系,在上世纪八十年代的一部名为《落山风》的电影中再次得到形象生动的展示:一位少妇,因婚后不能生孩子而遭男方家庭歧视,负气住到山上尼姑庵,要求出家。此庵的大施主是医院的院长,他的儿子高考前夕,院长将儿子送到幽静的尼姑庵复习功课。结果,少妇与中学生偷欢,被夫家怀疑没有生育能力的少妇,居然怀孕了。于是,这个长女惑少男的故事,很贴切地被冠以《落山风》之名,巧妙地呈现了《周易》中的男女价值观。

在《周易》中,这种长女追求少男之象,在"蛊"的名义下,被赋予了蛊惑和腐败的普遍意义。充满哲学智慧的《周易》作者,把握到了腐败这一坏事可以向好事方向转化的契机:腐败是坏事,但是腐败中也蕴含着新生,因为腐败能激起人的改革决心,也是才德之士有所作为之时。作者以卦辞"元亨,利涉大川"告诉人们,清除腐败具有从根子上疏通一切的作用;一旦清除掉腐败,即便去做涉渡大河那样具有高风险的大事情,也会畅通无碍。

借助《蛊》卦这个平台,《周易》作者不仅通过卦辞将长女惑少男赋予了清除腐败的普遍属性,还通过六个爻辞展示了如何清除政治、宫廷等各种腐败的方式方法,从男女伦理引向政治伦理。在六个爻辞中,将"蛊"即腐败分为"父之蛊"与"母之蛊"两类,并分别对整治"父之蛊"即政治腐败与"母之蛊"即后宫腐败的不同方式的分析,而主要侧重于对"父之蛊"即政治腐败的清除及其善后问题分析。

同样的年龄差异,倘若长男追求少女,或者少女追随长男,就不被视为诱惑乃至腐败的现象了。《随》卦下震上兑,长男处下少女居上,象征长男随从少女。为什么长男心甘情愿地随从少女?因为少女无论才能还是品德,都胜于长男。所以,长男这种甘愿随从少女的态度是值得肯定的,该卦之象的真实含义便成为:唯善是从。以男女关系为喻所表达的唯善是从的品性,应予充分肯定,所以,《周易》作者便赋予《随》卦"元亨利贞"的四大属性,明确认为即便像年长位高的长男屈尊随从年少位低的少女这种行为,也不算是一件有失身份的事情。以长男随从少女这一极端例子,譬喻唯善是从的高尚品性,便是《随》卦所蕴含的真义。而从这一譬喻中,我们也可以看到《周易》作者的男女伦理观,男女之间的关系,不是一成不变的男尊女卑、长尊少卑,而是以"贤"为前提、唯贤是从的原则。这种以贤为原则的男女伦理观,显然比后世儒家那种一味强调男尊女卑、长幼有序的伦理观,具有更为理智的灵活性。这种不讲究个人身份的唯善是从唯贤是从的男女伦理观,如能付诸生活实践并且保持始终,长男一定能获得少女的患难与共的倾情回报。倘若将这种伦理观延伸至政治生活,领袖人物因为以充满诚意的唯善是从而感动天下人,天下人也同样会以至诚的态度回报他。无论他在权力的顶巅还是在身系囹圄的逆境中,天下人也同样会以至诚的态度回报他:"拘系之,乃从维之,王用亨于西山。"上六爻辞的这几句话,是因于羑里的周文王的切身感受。在现实生活中,能患难与共的夫妻,有多少丈夫就是因为在日常生活中尊重妻子、唯善是从,才赢得了妻子的不离不弃。这应该就是《随》卦所蕴含的男女伦理观给后人的启示。

与之相反,《周易》中有一个下卦为兑、上卦为震,该卦象的本义,是少女随从长男,因而取名《归妹》。在远古时代,姐姐出嫁,妹妹须得陪嫁,最经典的例子,就是尧将两个女儿一起嫁给舜。《归妹》卦六五爻辞中的"帝乙归妹",讲的也是商朝天子帝乙将两个女儿一起嫁给周文王的故事。如果两个女儿之间的年龄差距比较大,姐姐虽已到了"年方二八"的适婚年龄,妹妹或许只有十二、三岁,甚至更小,名符其实的少女随从长男。除了男女之间的年龄差距,还有姐妹几个在面貌方面的美丑差异。按照"归妹"婚俗,姐姐貌美如花,她的几个妹妹即便是眇视、跛子,姐夫也得照单全收。同样,即便妹妹与姐夫之间年龄差距甚大,也不得不随同姐姐一起嫁过去。这样,在姐夫与妹妹之间,难免因为在面貌与年龄方面的问题而造成种种的不适,由此形成的老少配,对于年长男子的精力消耗,更是蕴含有凶险。《周易》作者有鉴于"归妹"所存在的种种弊端,给予了"征凶,无攸利"的评判。后世的易学家们,循此评判,就《归妹》婚俗导致的老少配,作出了许多具体的阐述。例如,魏晋的王弼说:"少女而与长男交,少女所不乐也。"(《周易注》)年少的女子随嫁给年长的男子,心里当然不乐意。"履以不正,说动以进,妖邪之道也。"(同上)为了提升小妾的地位,不得不变着法子取悦长男,被逼无奈走向妖邪,其危险性可想而知。

《周易》作者通过爻辞,对"归妹"导致的种种矛盾进行了消解。例如,随嫁的妹妹跛足,毕竟属于残疾,本非好事,然而初九爻辞却说:"归妹以娣,跛能履,征吉。"跛足之人,虽不良于行,却能行动谨慎,处处小心翼翼。眇目亦非端庄之相,然而九二爻辞却说:"眇能视,利幽人之贞。"虽然眇目,但是并不影响看清东西;由于不宜抛头露面,少与外界交流,更有利于贞操的持守和妇德的完美。

以上两爻辞是对不幸遇上残疾陪嫁妹妹的长男所作的劝慰。以下三个爻辞,则是对出嫁女子如何正确对待婚嫁的劝告。一是不要违反伦理规则急于出嫁,二是要耐心等待机会,争取嫁一个理想的男子,三是要注重自己的内在品性修养,不要过于注重衣饰外表。《归妹》的最后一个爻辞,则用"女承筐,无实;士刲羊,无血"为喻,道出了男女关系的最高伦理原则:互爱。如果少女与长男双方均无诚意,即便勉强成婚,也不会有美好的夫妻生活。所以,《周易》作者给这种双方皆无诚意的男女关系以"无攸利"的结论。

"黄昏恋"的伦理观

除了上下经卦象征男女年龄段之间的十八种相互关系之外,在《周易》中还有一些卦的卦爻辞,也涉及到男女伦理观问题。例如,《大过》卦中的九二、九五两个爻辞,就是以男女关系作为譬喻,表达某种具有普遍性的义理。

《大过》卦的九二爻辞:"枯杨生稊,老夫得其女妻,无不利"。该爻辞包含两个含义相同的譬喻,第一个譬喻"枯杨生稊",枯老的杨树长出了新的嫩芽。第二个譬喻"老夫得其女妻",年老的汉子娶到了一个年轻女子。枯木逢春发新芽,给老朽的杨树添加了新的活力;老汉娶了一个年轻妻子,替他生儿育女繁衍后代。虽然不太合乎常情,却都是值得肯定的好事。因此,《周易》作者对这两个譬喻的断语,用了一个全称肯定判断:"无不利。"作者将这两个形象生动的譬喻系于《大过》卦的九二爻,是在表达这一道理:在栋梁之材的成长初期,往往毋需拘于常理,而应抓住一切时机,利用一切有利条件,争取自己的生存与发展。

唐代大儒孔颖达在解读这一爻辞时认为,老夫而有老妻,是理所当然。老夫而得少女为妻,便是一种超越常规的

"大过"。少女而配少年郎，是理所当然。少女嫁给老夫为妻，则是一种超越常规之举。正是这种对常规的超越，使得老夫因为拥有了少妻，而给衰老的生命添注了新的活力；少妻也因为老夫的相配，由稚嫩而变得成熟。宋代名儒程颐，则一语中的："老夫而得女妻，则能成生育之功。"(《周易程氏传》)

总之，从三千年前的《周易》作者，到唐代、宋代的大儒名儒，对于年龄差距很大的老夫少妻的婚配关系，都明确地表达了完全肯定的观点。

《大过》卦的九五爻辞，则包含了一个有关老妇少夫婚配的譬喻及其价值评判："枯杨生华，老妇得其士夫，无咎无誉。"(士夫之"士"，与老妇之"老"对应，当为"少"；古代释读者有认为"士"系"少"字之误。是故"士夫"即为"少夫"。)这一爻辞也包含了两个意义相同的譬喻，第一个譬喻是：枯朽的杨树开了花；第二个譬喻是：年老的女人找了一个少年郎结为夫妻。对于这两种情况，《周易》作者给出的价值判断是"无咎无誉"。为什么对枯杨发新芽、老汉娶少女的评价是充分肯定的，对枯杨开花、老妇少夫婚配的评价却是既不肯定也不否定？原因就在于：枯杨本来就无多少生气，即便开花也不会有结果，反而徒伤元气加速衰老；老妇即便与少夫结为夫妻，也不可能生儿育女。所以，这两件事情，有一个共同性：华而不实，既不算什么错误，也不值得称赞。

这里要发掘的不是枯杨生稊还是生华的价值观问题，而是要发掘老夫与少妻、老妇与少夫的婚姻所折射的男女价值观。在"老夫得其女妻"与"老妇得其士夫"两句语辞中，"得其"两字表明，在老夫、老妇为主动的一方，表明这是老夫、老妇在晚年阶段主动寻求爱情，与年轻异性缔结婚姻的情况，可以冠之以"黄昏恋"之称。对于这两种分别由老夫、老妇作为主要当事人、有违常情而归类于"大过"范畴的婚姻，《周易》作者作出了很开明的价值判断，对老夫少妻婚姻，给予了"无不利"的充分肯定；对老妇少夫婚姻，给予了既不批评也不表扬的中性评价。这就是三千年前我们先人中的大智慧者，对"黄昏恋"这一特殊婚姻的实事求是的价值评判。

自从《周易》诞生之后的三千年里，《周易》作者关于老夫少妻的婚姻价值观，始终为后人所认同，而对于"老妇得其士夫"的婚姻价值观，则未能为后人完全认同。最有代表性也最具影响力的是春秋末期疑为《易传》作者的孔子，他在读《易》至"韦编三绝"之后，用八个字对老妇少夫婚配作出"老妇士夫，亦可丑也"（《易传·象辞》）的评论。为何"可丑"？宋代名儒程颐详解道："老妇而得士夫，岂能成生育之功？亦为可丑也。"（《周易程氏传》）"无誉"与"可丑"，显然是两种不同的价值评判。

在《周易》中，还有一种特殊的男女关系，被《周易》作者明确否定，这就是《姤》卦所象征的一女与多男之间的关系。

《姤》卦的初爻是阴爻,从第二爻开始均为阳爻,卦象之义为:一个强壮的女人周旋于五个男人之间,故取其名为"姤"。《周易》作者对这种男女关系的价值评判是负面的:"女壮,勿用取女。"遇到五个男人而能周旋其间,必定是一个强壮的女人;这种强壮的女人,不可取其为妻。

中国传统文化中的崇阳抑阴观念,在这个卦辞中得到了充分的体现。男子强壮,求之不得;女子强壮,就连做一个妻子都不行。虽然《姤》卦只是将女壮不可取作为一个譬喻,申述的义理是要人们防微杜渐:小人虽然位卑,却有很大发展空间,君子必须时时警惕,不可与之交好,任其发展。但是,我们从这个譬喻中,毕竟看到了作者对一女多男这一种伦理关系所持的明确态度。这种男女价值观,既是此前社会男女关系的伦理取向,也成为了此后男女伦理的衡量标尺。在有较详记载的几千年封建历史中,一夫多妻,乃至一个皇帝坐享"后宫三千佳丽",都被视为正常现象,符合伦理规范。反之,倘若一女周旋于多男之间,便被视为败坏社会伦理,遭到人们的普遍唾骂。可见,《姤》卦所指向的男女伦理观,对于后世的社会男女伦理观念的规范,具有多大的影响。

以上关于《周易》中的男女伦理观念的发掘与疏解,只是围绕卦辞爻辞中以男女关系为譬喻的内容展开,其他诸多以上、下经卦所象征的男女关系的卦,因为所系的卦辞爻辞,并没有采用男女关系方面的事例做譬喻,所以未作为本文讨论的对象。仅从本文所涉及的卦象及其卦辞和爻辞内容,我们已经清楚地看到,《周易》中所表达的男女伦理观,具有系统性和完整性,毫无疑问是中国传统男女伦理观的源头。

(原载《哲学分析》2018 年第 3 期)

《乾》卦本义探微

《乾》卦是《周易》的首卦,也是易学研究者注重研究的一个卦。自《周易》问世以来近三千年的释读研究,人们对《乾》卦卦辞、爻辞的理解,却未能取得一致。本文便是对该卦卦辞、爻辞中的几处争议释读进行梳理,并提出自己的见解,尽可能接近《乾》卦本义,即所谓的"文王本义"。

一、卦辞"元亨利贞"的两种释读

如果说《易传》是第一部对《周易》文本的系统释读,那么,《易传·文言》中关于"元亨利贞"的如下一段文字,便可以看作是对《乾》卦卦辞"元亨利贞"的第一次正面释读:"元者善之长也,亨者嘉之会也,利者义之和也,贞者事之干也。"接着,《文言》又对这段释文展开了进一步的解释,并由此将"元亨利贞"定性为君子的四种品德:"君子体仁足以长人,嘉会足以合礼,利物足以和义,贞固足以干事,君子行此四德者,故曰乾元亨利贞。"从此以后,易学研究者多以"四德"释读,如魏晋玄学旗手王弼,唐代奉旨编撰《周易正义》的孔颖达。宋代理学宗师程颐,更将《乾》卦卦辞句读为"元,亨,利,贞。"并释义云:"元亨利贞谓之四德。元者万物之始,亨者万物者长,利者万物之遂,贞者万物之成。故元专为善大,利主于正固,亨贞之体,各称其事。四德之义,广矣大矣。"(《周易程氏传卷第一》)

《周易》中,以"元亨利贞"作为卦辞,除了《乾》卦之外,还有《屯》《随》《临》《无妄》四个卦;这四个卦的卦辞,在"元亨利贞"之后都另有文字对卦象作进一步的说明。因此,王弼、孔颖达等学者对这四个卦辞中的"元亨利贞"作出了"元亨,利贞"的句读,不再作为"四德"释读。唯有程颐,仍将这四个卦辞中的"元亨利贞"作"元,亨,利,贞"的句读,一以贯之地作"四德"释读,虽然此四德"在他卦则随事而变焉"(同上)。

事实上,将"元亨利贞"作"四德"释读非自《易传·文言》始。早在公元前575年时,鲁国就有一位名叫穆姜的贵族妇女,在一次占筮之后,对"元亨利贞"作出了与《文言》基本一样的释义:"……《周易》曰:'《随》元亨利贞,无咎。'元,体之长也。亨,嘉之会也。利,义之和也。贞,事之干也。体仁足以长人,嘉德足以合礼,利物足以和义,贞固足以干事,然固不可诬也。是以虽随无咎。今我妇人而与于乱,固在下位,而有不仁,不可谓元;不靖国家,不可谓亨;作而害身,不可谓利;弃位而姣,不可谓贞。有四德者,随而无咎;我皆无之,岂随也哉！我则取恶,能无咎乎!"(《左传·襄公九年》)这是先人将《随》卦的"元亨利贞"释义为"四德"的早期历史记载。而在穆姜释义"元亨利贞"之前,还有对《屯》卦中的"元亨利贞"进行释读的记载。公元前636年,流亡中的晋公子重耳欲借重秦国力量取得晋国,亲占一卦,遇《屯》之《豫》,随员司空季子释读《屯》卦卦辞时曰:"主震雷,长也,故曰'元'。众而顺,嘉也,故曰'亨'。内有震雷,故曰'利贞'。"(《国语·晋语》)司空季子对"元亨利贞"的释义,可句读为:"元,亨,利贞。"明显不同于六十年之后穆姜的"四德"释读。

从上述两种史料中,我们可以感觉到《周易》问世之后的四百年左右时间,贵族手头就已有一些释读《周易》的成熟文本,而这些文本对《周易》的释义,就已经出现差异。后来的《易传》如其中的《文言》对《乾》卦卦辞"元亨利贞"的释义,正是对前人释义的继承。

在程颐之后的另一位理学家朱熹看来,如《文言》这般将"元亨利贞"释义为"四德"说,是"孔子之《易》,非文王之《易》";如程颐将《周易》五个卦辞中的"元亨利贞"均句读为"元,亨,利,贞"的"四德"说,"又自是程氏之《易》也"(《朱子语类卷第六十七》)。朱熹认为,周文王所著《周易》,本是占筮之书,"《乾》之'元亨利贞'本是谓筮得此卦,则大亨而利于守正。"(同上)因此,朱熹对这一卦辞的句读应是:"元亨,利贞。"元为大,利为利益,为宜。

从《周易》本义角度来看,朱熹对"元亨,利贞"的句读及其释义应该是准确的。在《周易》中,除"元亨"之外的"元"共有 12 次,其中"元吉"有 9 次,"元永贞"有 2 次,"元夫"有 1 次。"元吉"释为"大吉","元"作"大"解,普遍共识。因而"元亨"作"大亨"释义,也基本符合《周易》的本义。

实际上,"元亨利贞"本义是否为"四德"的关键,在"利"字的性质认定。《周易》中,"利"字共出现 114 次,其中"利贞"有 21 次,"小利贞"有 3 次,"利见大人"有 7 次。"利见大人",表述比较清楚:有利于遇见贵人,或:其利在于遇见贵人。而与"元亨利贞"更密切相关的应该是离开了"元亨"而单独出现的"利贞"、"小利贞";"利"与"小利",显然是一种利益层面上的比较,而非道德层面上的比较。如果说这 21 次的"利贞"都是利益占断之辞,也就很难说"元亨利贞"中的"利贞"是两种独立存在的"德",而将它们断开句读。

如果将"利"作为"义"这一种德性释义,《周易》自应慎用"利"字,不应用"利"多达百十余处。在许多卦爻辞中,往往"利"与"不利"并用,对事物情况的利害关系作出明确的指导意见。例如,《蒙》卦上九爻辞:"击蒙,不利为寇,利御寇。"《夬》卦卦辞中也有"不利即戎,利有攸往"的并用,对事情进展作出明确指导。这些"利"的出现,都涉及利害关系,而与人的德性无关。

综上所述,本人也赞同《乾》卦"元亨利贞"之中的"元"作

"大"、"利"作"有利"释读，更符合《周易》本义。

二、九二、九五爻辞"利见大人"释读

九二爻辞："见龙在田，利见大人。"九五爻辞："飞龙在天，利见大人。"对这两处的"利见大人"如何释读，历来有分歧，至今仍见智见仁，莫衷一是。

还是要从《易传》说起。《象》说："见龙在田，德施普也。"意思是：龙出现在田野，表明天下出现大德之人。此爻辞中的"大人"就是指"见龙"之"龙"。《文言》说："见龙在田，利见大人，何谓也？子曰：龙德而正中者也。""见龙在田，利见大人，君德也。"在田之龙显示的是"龙德"；九二爻处下卦之中位，所以"大人"显示的是"中正"的"君德"。

魏晋时的王弼对九二爻辞的释义是："出潜离隐，故曰'见龙'；处于地上，故曰'在田'。德施周普，居中不偏，虽非君位，君之德也。"显然，王弼承继了《易传》的释读。唐代孔颖达撰的《周易正义》，对王弼关于"利见大人"的释义作了更明白的解说："王辅嗣注云：'虽非君位，君之德也。'是九二有人君之德，所以称'大人'也。"（《周易正义》卷一）

宋代朱熹认为《易传》是孔子之《易》，而非文王之《易》，但是在他所著《周易本义》中，对九二爻辞"利见大人"的释读，与《易传》及王弼等人的释义是一致的。朱熹写道："九二

119

刚健中正,出潜离隐,泽及于物,物所利见,故其象为见龙在田,其占为利见大人。九二虽未得位,而大人之德已著,常人不足以当之。"九二之"大人",即泽及于物,物所利见的在田之龙。

关于九五爻辞"飞龙在天,利见大人"的释读,《象》曰:"飞龙在天,大人造也。"这是将"利见大人"释义为在天位的君主有所作为;"大人"即指在天的"飞龙"。《文言》对九五爻辞中的"大人"作了详细的释义:"夫大人者,与天地合其德,与日月合其明,与四时合其序,与鬼神合其吉凶。先天而天弗违,后天而奉天时。天且弗违,而况于人乎?况于鬼神乎?"这段文字,赋予了"大人"以天地之德、日月之明、四时之序等属性,是在天之龙的天德的具体展开。

王弼对于九五爻"利见大人",作出这样的释义:"龙德在天,则大人之路亨也。"(《周易注》)孔颖达的《周易正义》作进一步释义:"谓若圣人有龙德居在天位,则大人道路得亨通,犹若文王拘在羑里,则大人道路未亨通也。"可见是将"飞龙"与"大人"作为一体看待。

宋代的程颐,不仅对"利见大人"有不同于前人的释读,而且对九二爻辞中的"利见大人"与九五爻辞中的"利见大人"作出了不同含义的释读。程颐在释读九二爻辞时言道:"田,地上也。出见于地上,其德已著。以圣人言之,舜之田渔时也。利见大德之君,以行其道。"舜在田渔时,因为其德已著,而被尧帝赏识,委以重任,直至将帝位禅让于舜。程颐又补充说:"大德之君,九五也。"所以,九二爻辞中的"利见大人",就好比田渔时的舜,遇见帝位时的尧。在程颐看来,此爻辞中的"大人",并不是出见于地上、其德已著的"见龙",而是九五天位的"大德之君",即"飞龙"。在释读九五爻辞时,程颐言道:"圣人既得天位,则利见在下大德之人,与共成天下之事。"(《周易程氏传》)"在下大德之人",即与君对应的臣。贵为九五之尊,尚需大德之人辅助,共同治理天下。利见大人,方能保持"飞龙"的长久在天。程颐的释读,显然是将"飞龙"与"大人"作了区分,前者是大德之君,后者是大德之人;大德之君利用大德之人,才能"共成天下之事"。

一贯主张回归文王本义的朱熹,对九二、九五中的"大人"释读,以占筮角度考量,居然与《易传》异曲同工,明确认定九二中的"大人"就是"见龙"、九五中的"大人"就是"飞龙"。他与学生说:"占者当不得见龙、飞龙,则占者为客,利去见那大人。大人即九二、九五之德,见龙、飞龙是也。"他还给学生讲了一个"大人"即"飞龙"的故事:太祖一日问王昭素曰:"'九五:飞龙在天,利见大人',常人何可占得此卦?"昭素曰:"何害? 若臣等占得,则陛下是'飞龙在天',臣等'利见大人',是利见陛下也。"朱熹高度赞扬这位"国子博士"王昭素前辈在皇帝面前很得体的应对:"此说得最好。"(《朱子语类》卷第六十八)

那么,《乾》卦九二、九五爻辞中的"大人"本义,究竟是同一爻辞中的"见龙"、"飞龙",还是为主体"见龙"与"飞龙"提供帮助的"大德之君"与"大德之臣"呢?笔者认为,后者或许更接近于《周易》本义。

先释读九二爻辞中的"大人"本义。《乾》卦六爻可分为"自强不息"的三个阶段:初九、九二为积累阶段;九三、九四为奋斗阶段;九五、上九为成功阶段。其中,初九为积累力量的初始阶段,像一条龙一样潜伏在水中,默默地、一点一滴地积累力量,积累的力量不能有丝毫的使用消耗。九二是积累力量的第二阶段,象征一条完成蛰伏期的龙跃上田野,积累的力量仍嫌不足,需要大能大德的正能量支持,以利更快更好的成长。因此,"见龙在田,利见大人"中的"见龙",是潜龙在自我积累了一定力量之后跃上地面的在田之龙;既然从水下跃升地表,自然就成为看得见的龙。如同一个隐居之士,既然已经满腹经纶,自是要走上社会,其才情能力,也便为世人所认识。于是,"利见大人"便成为"见龙在田"之后的重头戏。利是有利于,见是遇见,大人是大能大德、位高权重者,其中也包括九五之尊。所以,该爻辞的后半部分,借用社会上的流行语,就是"贵人相助"。程颐将九二爻辞中的"大人"释读为"大德之君",以田渔时期的舜受到尧的关注与提携为例,认为尧就是舜所遇到的"大人"。这一释读,显然优于其他将"大人"释为"见龙"的学者,更接近于《乾》卦本义。

但是，从历史上任何一个成功者的成长过程来看，当他刚刚踏上社会之时，所获得的最多最有效的支持、提携，可能来自周边的环境，来自多方面的、多层面的大德之人。所以，九二爻辞中的"大人"本义，应该既包含程颐所谓的"大德之君"，更多的包含"大德之人"。

九五爻辞中的"大人"本义，究竟是大多数学者所释读的"飞龙"亦即"大德之君"，还是程颐所释读的"大德之人"？笔者以为，程颐的释读应该更符合《乾》卦的本义。如果说九二"在田"之龙的利见大人，是从贤能、高位之士处获得帮助、提升自己；那么，九五"在天"之龙的利见大人，则是利用贤能之士，巩固自己的地位和事业。按照程颐的释读，就是"利见在下之大德之人，与共成天下之事"。

"西伯"姬昌，所统部落已成气候，灭商兴周指日可待，虽因于羑里，编著《周易》，实为未来的新朝提供治天下的根本纲领。《乾》卦九五爻之"利见大人"，实为提示既得天位之君，务必任用贤能之士，共同治理天下。这也是《周易》作者目睹商纣王信任奸佞、残害贤能，以致天下大乱，政权即将倾复的有感而发。我想，这才应该是《周易》所寓的本义。

三、"或跃在渊"释读

在易学史上，关于九四爻辞"或跃在渊，无咎"的释读，几乎没有异议。

《易传》中的《象》曰："或跃在渊，进无咎也。"似乎未对前四个字义作解释，只是替断语"无咎"贴上了"进"这一标签：是在鼓励"或跃在渊"前进吗？《文言》总算作了一通解释："九四曰：或跃在渊，无咎，何谓也？子曰：上下无常，非为邪也；进退无恒，非离群也。君子进德修业，欲及时也，故无咎。"常与恒同义。高处九四之位的君子，上下、进退皆无定规，既非躲避邪恶亦非脱离群体，而是在进德修业，把握时机，以求一逞，因而无过。

本来已对"或跃在渊"与"无咎"之间的因故关系作出了解释，《文言》犹嫌不足，又从爻位角度进一步释义："九四重刚而不中，上不在天，下不在田，中不在人，故'或'之。'或'之者，疑之也，故'无咎'。"九四阳爻处阴位，何言"重刚"？未处上卦之中，故言"不中"。上有九五飞龙"在天"，下有九二见龙"在田"，九四上不能在天、下不能在田，这是实情；但是说到"中不在人"，未免牵强。按传统释读，初爻、二爻为地爻，五爻、上爻为天爻，三爻、四爻皆为人爻，九三"终日乾乾"者与九四"或跃在渊"者，虽然社会地位有高、低不同，却不能说九四"中不在人"，更不能因此而生发出"或"即"疑"，并因"疑"而得出"无咎"的结论。

由于《文言》对《乾》卦各爻辞的释读以"子曰"形式出现，后学皆以为乃孔子之言，遂顺着《文言》之意再次释读，即便

124

不通处,也要找些理由自圆其说。王弼这位年少才俊,也未能脱此束缚,他这样释读道:"去下体之极,居上体之下,乾道革之时也。上不在天,下不在田,中不在人。履重刚之险,而无定位所处,斯诚进退无常之时也。近乎尊位,欲进其道,迫乎在下,非跃所及;欲静其居,居非所安,持疑犹豫,未敢决志。用心存公,进不在私,疑以为虑,不谬于果,故'无咎'也。"(《周易注》)这是在综合了《文言》中的多段释义基础上,再一次作出的释义。较《文言》前进一步的是:在"或"字上作出为何"持疑犹豫,未敢决志"、"疑以为虑,不谬于果"的分析,找到了"无咎"的根据。

"专崇《王注》而众说皆废"的孔颖达《周易正义》,对王弼的释读作进一步细化。孔颖达细释道:"或,疑也;跃,跳跃也。言九四阳气渐进,似若龙体欲飞,犹疑或也,跃于在渊未即飞也。此自然之象,犹若圣人位渐增高,欲进于王位,犹豫迟疑,在于故位未即进也。云无咎者,以其迟疑进退,不即果敢以取尊位,故无咎。若其贪利务进,时未可行而行,则物所不与,故有咎也。"总之,"或跃在渊"被释读为迟疑进退、不果敢以取尊位之义,成为"无咎"之因。

程颐对"或跃在渊"的释读,很简约明白:"渊,龙之所安也。或,疑辞,谓非必也。跃不跃,惟及时以就安耳。"(《周易程氏传》)渊为龙之所安处,跃出还是不跃出(渊),全在时机的把握。

125

朱熹从占筮角度一言定调："其占随时进退,则无咎也。"（《周易本义》）"或跃在渊"的本义,就是"随时进退";能把握好随时进退,就不会犯错误。在跟学生讲《乾》卦时,对这一爻辞的释读不多,想必师生都以为对"或跃在渊"的本义有了统一的认识。在《朱子语类》中,有两段关于"或跃在渊"的释义,可以看到朱熹对"或跃在渊"的理解:"'或跃在渊',渊是通处。渊虽下于田,田却是个平地。渊则通上下,一跃即飞在天。""渊是那空虚无实底之物;跃是那不着地了,两脚跳上去底意思。"

综合古人以上释读,"渊"为九四之龙安居之所,"跃"为跃出、跃上之义,"或"为"跃不跃"的时机把握。

现代学者的释读,大多与古人相同者,但也有少数相异者。例如,高亨先生在《周易大传今注》中,对这一爻辞作了如下释读:"渊,龙之安利所在,龙或跃在渊,比喻人或活动于安利环境,自无咎灾,故筮遇此爻无咎。"对《文言》关于"上不在天,下不在田,中不在人,故'或'之。或之者,疑之也。故'无咎'"这段传文,高亨先生释义道:"此比喻君子上不在朝,下不在野,中不在小官之位,或者隐于深僻之乡,与人隔绝,是亦无咎也。"（《周易大传今注》第 58、72 页,齐鲁书社,1979 年版）周振甫先生在《周易译注》中,则将"或跃在渊,无咎",作了这样的译读:"龙或者跃进深渊,没有害。"这大概是易学史上第一次将"或跃在渊"中的"跃"不是作跃出、跃上释读，而是作相反方向的由上至下的跃进（入）释读。

对于上述古人、现代人关于"或跃在渊"的释读，笔者以为均非《乾》卦本义，难以认同。

《乾》卦的九三、九四两爻，虽九三为下卦的上爻、九四为上卦的下爻，但是按地、人、天的划分，两爻均为介于天、地之间的人爻，讲的都是人事。从爻位而言，其间差异只在九三近田近民、九四近天近君。从事物发展过程而言，两爻均属积累期之后的奋斗兴盛期，故九三爻以"君子终日乾乾"开篇。奋斗兴盛是好事，但也容易忽略隐患、产生骄逸等弊病，中止自强之路上的前行步伐。因此，处于奋斗兴盛时期，忧患意识不可或缺。九三爻位处奋斗初期，从仕途角度言，当如程颐说的"郡守"位置，"终日乾乾"，讲的是白天努力工作。"夕惕若厉"，讲的是晚上惕然自警，检点白天努力工作时存在哪些缺陷。这种每晚都须惕然自警的行为，对后人的影响，就是"吾日三省吾身"。每晚都要做一番惕然自警的功课，好像很危险的样子，即"夕惕若厉"，这就是所谓的忧患意识。事业进入奋斗期，仅仅"终日乾乾"是不够的，还需要"夕惕若厉"的忧患意识，才能保持不失误。无咎，是因为夕惕若厉。

九四之位，已晋升到了临近九五尊位，象征社会地位达到了权臣高位，象征事业达到了兴盛阶段。此时，应该保持比"夕惕若厉"更高度的忧患意识，时刻保持如临深渊、如履薄冰的谨慎状态，才能避免过失。"或跃在渊"，"或"为或然判断,作"可能"释义为妥。"跃"非古人释义的自下而上的跃出、跃上,亦非周振甫先生译释的主动性的自上而下的"跃进",而应该是非主动的跃入。故此处之"跃",应释义为"跌"。九四高位,犹如站在高山之巅,举首是蓝天,低头是深渊。唯有心怀如临深渊一般的高度的风险意识,才能不犯错误,保持其高位现状,并能在自强之路上继续前行。

因此,"或跃深渊"的本义,应该是"如临深渊",是"夕惕若厉"忧患意识的升级。如果按照古人的释读,高位之臣不是位其所位、小心谨慎地做好本职工作,而是整天捉摸什么时候可以向上一跃站上尊位,那个已经站在尊位的君主,岂非如同坐在火山口上一般心惊肉跳,哪里还有心思"利见大人",与高位之臣共理天下大事?

从其他卦的第四爻爻辞,也可以看到行事须小心谨慎的本义。例如,《坤》卦的六四爻辞"括囊,无咎无誉",前半句亦以譬喻方式告诫处于此位者须谨慎言辞,如同将口袋紧紧扎住一般,管住自己的嘴,努力保持既不犯过也不取誉。高位之臣的"括囊",亦是忧患意识使然,与"或跃在渊"的忧患心态一致。有所不同的是:"或跃在渊"是谨于行,"括囊"是慎于言。

以上三处探微,旨在回归《乾》卦本义。是否如愿以偿,祈待大家讨论。

(原载《哲学分析》2020 年第 2 期)

朱熹《周易》研究得失论

在中国学术史上,朱熹以理学家著称。在我看来,朱熹首先是一位易学家。他的易学著作虽然以《周易本义》称名,然而《朱子语类》中与学生详解《周易》卦辞爻辞的记录,更展示了他对《周易》的深入理解。正是由于对《周易》的深刻理解,才使得他在理学研究上有非同寻常的建树。他写过两首读书有感的诗,都是在做学问的源头上有了感觉之后的心境披露。其中一首广为人知:"半亩方塘一鉴开,天光云影共徘徊;问渠哪得清如许,为有源头活水来。"另一首诗,知者可能少一些,其味却更浓:"昨日江畔春水生,艨艟巨舰一毛轻;向来枉费推移力,今日中流自在行。"一个做学问的人在贯通源流之时的一种喜悦之心,跃然纸上。朱熹做学问的源头在哪里?在《周易》。为什么他在做学问时,有"艨艟巨舰一毛轻"那一种举重若轻的感觉?因为他从《周易》这部经典中获得了滔滔"春水"。《周易》是中国传统文化的源头,这在常人脑子里往往只是一句人云亦云的套话,在一些学者脑子里也往往是一个内涵并不很丰富的概念。但是在朱熹这里,是已经将《周易》这一源头活水作为推进自己所有学问的第一动力，并由此获得了满心的喜悦。用孔子的话来形容，已经到了"不知手之舞之足之蹈之"的境地。

研读朱熹的易学著述后，在以下几个方面，给我留下了很深的感受。

不迷信权威

自从《周易》问世之后，第一次对《周易》作系统阐释的是《易传》（又称"十翼"）。《易传》作者是谁，自古以来均无确认。只是从文字之间的"子曰"，推论作者是孔子。《易传》之后继起的《周易》阐释者日甚一日，绝大多数是儒家一脉的学者，也便都将《易传》视为出自孔子之口的"圣人之言"；其尊崇的态度，与对待《周易》一般，对《易传》的阐述，绝无半点异议。

继《易传》之后，对《周易》义理进行系统阐释而在易学史上最具影响者，莫过于魏晋时期王弼的《周易注》。虽然从小深研老子思想而少年即负盛名，成为魏晋玄学思潮的领军人物，然而在阐释《周易》的卦辞爻辞时，王弼仍宗奉孔子《易传》，以彖辞、象辞作为对卦辞爻辞释义的最权威的根据。正因为王弼能在《周易注》中尊奉孔学，所以，唐代的太宗皇帝钦命孔颖达疏解《周易》时，这位孔子的后裔独尊王弼，将《周易注》作为奉诏作疏的唯一模本:"专崇王注而众说皆废"。在孔颖达的《周易正义》一卦辞爻辞之后,即是王弼的注解,然后才是孔疏,基本上只是对王弼注解的展开,有时甚至再引述一遍王注。因为《周易正义》实际上只是王弼注解的复述与展开,所以该书虽然成为唐代科举时期的权威"统编教材",在学术上并无多少新的建树。

宋代学者,多有易学著作,而以理学奠基人程颐的《程氏易传》最具影响力,继王弼之后,将义理研究推向了一个新的高度,并为宋明理学奠定了理论基础。

朱熹的《周易》研究,正是在这样一个背景下展开:"已前解《易》,多只说象数,自程门以后,人都作道理说了。"(《朱子语类》卷第六十七)通过广泛研读前贤与时贤的易学著作以后,朱熹得出了这样一个结论:"孔子之《易》,非文王之《易》;文王之《易》,非伏羲之《易》;伊川《易传》又自是程氏之《易》也。"(《朱子语类》卷第六十七)

朱熹说的"孔子之《易》",是指"十翼"的《易传》。这是易学史上最具权威性的第一部从义理角度全面阐释《周易》思想的易学著作;十篇文字,如同给《周易》添上了十个翅膀,使《周易》的思想得以迅速、广泛传播,《易传》也成为经典,甚至将其尊奉为《周易》的不可分割的一部分。直至今日,有不少人在引用《易传》中的内容时,仍冠以《周易》或《易经》之名。朱熹明确指出"孔子之《易》,非文王之《易》",不单是要将《易传》与《周易》区分开，更是要让人们认识《易传》与《周易》在思想内容方面的差异性。例如，"《乾》之'元亨利贞'，本是谓筮得此卦，则大亨而利于守正，而《彖辞》《文言》皆以为四德。某常疑如此等类，皆是别立说以发明一意"（同上）。这只是朱熹举一例说明孔子的《易传》在阐释《周易》时的"别立说"，从"如此等类"可以推测，《易传》与《周易》之间的差异还是不少的，所以朱熹才放言"文王自是文王《易》，孔子自是孔子《易》"（同上）。在对卦辞爻辞作解时，朱熹对《彖辞》《象辞》的释义，亦时有不满或异议。最典型的一段话，见于朱熹与学生讲解六十四卦行将结束时的有感而发："《既济》《未济》所谓'濡首'、'濡尾'，分明是说野狐过水。今孔子解云'饮酒濡首'，亦不知是何故。只是孔子说，人便不敢议，他人便恁地不得。"（《朱子语类》卷第七十三）这是朱熹对《易传》中的《未济》上九《象辞》"饮酒濡首，亦不知节也"一语的怀疑，并由此生发出"只是孔子语，人便不敢议"的感叹。在朱熹看来，《易传》对《周易》经文释义不妥的地方，当然并非这一处。但是自古以来人们总是遵循《易传》的解释理解《周易》，原因就在这是孔子语。"不敢议"三字，揭示了学术界尊孔随大流的真相。当然，朱熹对《易传》的异议，也并不完全正确。但是，朱熹在释读《周易》，尤其是给学生传道解惑时不迷信权威的态度十分鲜明。

不仅不迷信如孔子那样的先贤权威，朱熹对同时代的易学权威也同样持不迷信的态度,有不同见解,或发现同时代的学术权威有误读《周易》的情况,都会不留情面地进行讨论和批评。程颐与其兄程颢都是北宋时期的理学奠基人,其学说为朱熹继承,史称"程朱理学",可见他们的学术渊源之深。然而在易学研究方面,朱熹也从不迷信程颐(伊川)的《周易》释读。程颐有一部在学术界很有影响的易学著作《程氏易传》,朱熹在给学生讲解《周易》时,学生不可避免地要将程颐在《程氏易传》中的解释发问。面对学生的发问,朱熹并不因为程颐是其理学前辈,而回避对程颐易学研究的对错评议。

朱熹对程颐易学研究有一个总体性的评价:"伊川晚年所见甚实,更无一句悬空说底话,今观《(程氏)易传》可见,何尝有一句不着实!"(《朱子语类》卷第六十七)然而一进入具体的卦辞爻辞解读,朱熹就实话实说,一点不客气了。就读《易》的整体而言,朱熹不同意程颐关于爻之间的"应"之说:"伊川多说应,多不通。且如六三便夹些阳了,阴则浑是不发底。如六三之爻有阳,所以言'含章',若无阳,何由有章?"伊川关于卦、爻属性的解释:"卦者,事也;爻者,事之时也。"朱熹也表示异议:"卦或是时,爻或是事,都定不得。"(《朱子语类》卷第六十七)在解读各卦时,朱熹对伊川的批评更多。例如,在解读《乾》卦卦辞时,朱熹批评道:"伊川说'利物足以和义',觉见他说得糊涂。如何唤做和合于义? 四句都说不

133

力。"(《朱子语类》卷第六十八)在解读《谦》卦时,有学生问"程易说'利用侵伐',盖以六五柔顺谦卑,然君道又当有刚武意,故有'利用侵伐'之象。然上六亦有'利用行师',如何?"朱熹说:"便是此等有不通处。"(《朱子语类》卷第七十)在解读《益》卦时,朱熹跟学生说:"伊川说《易》亦有不分晓处甚多。如'益之,用凶事',说作凶荒之'凶',直指刺史郡守而言。在当时未见有这守令,恐难以此说。"(《朱子语类》卷第七十二)

不迷信权威,是朱熹解读《周易》的一贯态度,也是他能够触摸《周易》本义的重要因素。

直探《周易》本义

朱熹给学生讲授读《易》方法时说:"读《易》之法,先读正经。不晓,则将《彖》《象》《系辞》来解。"还说:"看《易》,且将爻辞看。理会得后,却看《象辞》。"(《朱子语类》卷第六十七)这两段话看似矛盾,其实不然。朱熹的意思是:读《易经》必须先读卦辞爻辞(正经),待读得有所理解之后,再看《易传》中的《象辞》,是否与自己读经的理解相一致。如果实在读不明白卦爻辞的意思,只能退一步,从《易传》的彖辞、象辞、系辞这几篇先贤释义之文中求得对《周易》经文的理解。但是,后一种以《易传》为辅导教材来理解《周易》的读《易》方法,在朱熹看来是无奈的下策,这样读《易》的结果,获得的不是周文王通过《周易》所要表达的本义,而是别人读《易》之后的衍生义。

朱熹称《周易》为"文王之《易》",实际上,朱熹认为卦辞是周文王所撰,爻辞是周公所撰:"如'元亨利贞',乃文王所系卦下之辞,以断一卦之吉凶。""爻下之辞,如'潜龙勿用',乃周公所系之辞,以断一爻之吉凶也。"(《朱子语类》卷第六十七)认定周公作系辞的理由,不仅因为"是先儒从来恁地说,且得依他",更因为"谓爻辞为周公者,盖其中有说文王,不应是文王自说也"(同上)。由于周公作爻辞之意与文王作卦辞之意一脉相承,因此将《周易》称为"文王之《易》"并无不妥。《易传》的十篇文章,虽然是孔圣人对《周易》象、辞的释义,朱熹认为《易传》并未展示《周易》的本义,而是借着《周易》发挥了孔子自己的思想,因而认为系统诠释《周易》的《易传》是"孔子之《易》,非文王之《易》"。

王弼注《周易》、程颐著《易传》,更是从文王的《周易》、孔子的《易传》中生发出自己对世事的认识,因而王弼的《周易注》自是王弼之《易》,程颐的《易传》自是程氏之《易》。朱熹在学生面前极力称赞程氏之《易》:"《(程氏)易传》义理精,字数足,无一毫欠缺。他人着工夫补缀,亦安得如此自然!"说到最后,话锋一转:"只是于本义不相合。"就是说,程颐于《周易》讲得再精细再完美,奈何与《周易》的本来义理不相符合。

朱熹举例说："如《无妄》六二'不耕获,不菑畲',只是说一个无所作为之意。《易传》却言:'不耕而获,不菑而畲,谓不首造其事。'殊非正意。"(同上)

朱熹要求学生先读《周易》正经,正是对前贤释义《周易》的不满意。倘若先读儒家前辈的易学著作,心中存了"孔子之《易》"或"程氏之《易》",再进入"文王之《易》"就有难度了。为了解决这个难题,朱熹不仅要学生先读《周易》原著,还专著《周易本义》,作为学生读《周易》的参考书:"看《易》,先看某(我)《本义》了,却看伊川解,以相参考。如未看他《易》,先看某说,却易看也,盖未为他说所汨故也。"(同上)

朱熹要申述《周易》本义,必然会与孔子之《易》、王弼之《易》、程氏之《易》等不相合,尤其程氏之《易传》,在南宋时期是易学界影响很大的一部易学著作。朱熹的学生每次发问,总要提及程氏之《易》。于是,从师生对话中,更多地触及到了朱熹直探《周易》本义的诸多精彩内容。

以程颐为代表的宋代易学家,多采"相应说"解读六爻,即初爻与四爻相应、二爻与五爻相应、三爻与上爻相应。朱熹认为这种解读有违《周易》本义:"伊川云'卦爻有相应',看来不相应者多。且如《乾》卦,如其说时,除了二与五之外,初何尝应四? 三何尝应六?《坤》卦更都不见相应。此似不通。"(同上)在朱熹看来,程颐用这种对应说解读出来的爻辞义理,显然不是《周易》的本义,而是释读者借着《周易》这个平台发挥自己的义理。

朱熹认为《周易》本来是一本占筮书，探究、把握《周易》本义，就须从占筮的角度去体会卦爻辞，而从占筮角度看爻辞，自然没有爻与爻之间的对应一说。即便不按所谓的对应原则解释爻象爻辞，单独解读卦辞爻辞，也有不同的结果。以《乾》卦的卦辞为例："文王本说'元亨利贞'为大亨利正，夫子以为四德。"（《朱子语类》卷第六十八）朱熹认为，《乾》的卦辞"元亨利贞"是告诉占得此卦的人：所问之事能"大亨"，前提是必须行正道之事。这就是文王撰写这条卦辞的本义。但是，孔子却将四字断开："元、亨、利、贞"，解释为《乾》卦的四个属性。这就是文王之《易》与孔子之易的区别。

尽管认识到了"孔子之《易》与文王之《易》，略自不同"，朱熹在给学生讲《周易》的时候，还是不厌其详地讲述孔子之《易》："以天道言之，为'元亨利贞'；以四时言之，为春夏秋冬；以人道言之，为仁义礼智；以气候言之，为温凉燥湿；以四方言之，为东西南北。"（同上）孔子毕竟是儒家始祖，他说的话就是圣人之言；朱熹作为儒学继承人，弘扬孔子思想是应尽的责任。这就使得朱熹给学生讲解《周易》时，既要阐述孔子之《易》的思想内容，又出于对本义的维护，常常要生发出一些不同于孔子之《易》、程颐之《易》的议论。例如，在向学生解读《乾》卦中的九二、九五两爻辞中的"利见大人"时，这样言道："如《乾》卦他爻皆可作自家身上说，惟九

二、九五要作自家说不得。两个'利见大人',向来人都说不通。九二有什么形影,如何教见大人?某看来《易》本卜筮之书,占得九二便可见大人,大人不必说人君也。"又说:"'利见大人'与程《易》说不同。不是卦爻自相利见,乃是占者利去见大人。也须看自家占底是何人,方说得那所利见之人。"(同上)

朱熹的本义申说,前提就是《周易》原本是一部占筮书,他从占筮的角度,解读卦爻辞。所以,在朱熹看来,孔子之《易》、王弼之《易》、程氏之《易》,都是离开了占筮这个原点,衍生他们自己的思想。朱熹并不反对这样的解读,但是认为这些解读不是《周易》的本义,所以,他才反复地不厌其详地向学生讲述什么是《周易》的本义。

强调文王本义的朱熹,对那些横生枝节、将《周易》解读复杂化的倾向,明确持否定的态度。例如对时人以"伏卦"、"互体卦"等方法解读《周易》,朱熹批评道:"朱震又多用伏卦互体说阴阳,说阳便及阴,说阴便及阳,《乾》可为《坤》,《坤》可为《乾》,太走作。近来林黄中又撰出一般翻筋斗互体,一卦可变作八卦,也是好笑!"(《朱子语类》卷第六十七)朱熹将伏卦、互体这一类画蛇添足式的解易方法,看成是一种笑话加以否定,对于当时及此后的易学研究的健康发展,具有较大的影响作用。但是,关于是否存在互体卦的争论,至今未息;仍有一些学者在耗着自己有限的生命资源,沉浸在互体卦的解读之中,不觉得自己的研究,已经离《周易》的本义愈来愈远。

诚实的治学态度

朱熹的《周易》研究的深度,在易学史上无出其右。但是,面对学生的提问,他经常表现出知之为知之,不知为不知的诚实态度,从不因为自己是老师、已是一位举世瞩目的易学大家而强不知以为知,对自己尚未能把握的卦辞爻辞作出勉强的解释。

由于从占筮的角度向学生讲述不同于孔子之《易》、王弼之《易》、程氏之《易》等,所以,朱熹往往在既不同意前贤释义,自己又难以作出合理解释的时候,直言"不知道"、"不可晓"。

诚实的治易态度,首先表现在对《周易》的总体认识,朱熹明确言道:"《上经》犹可晓,易解。《下经》多有不可晓,难解处。不知是某看到末梢懒了,解不得? 为复是难解?"由《周易》还连及孔子之《易传》:"六十四卦,只是《上经》说得齐整,《下经》便乱董董地。《系辞》也如此,只是《上系》好看,《下系》便没理会。"(《朱子语类》卷第六十七)在中国易学史上,如此实话实说地整体性评论《周易》,评论《易传》,朱熹是唯一的一位。

就具体的卦而言,朱熹对《困》、《中孚》、《小过》等卦,明确表示"不可晓"。例如,在解读《困》卦时,他向学生实话实说:"《困》卦难理会,不可晓。《易》中有数卦如此。"(《朱子语类》卷第七十三)在解读《中孚》以及相邻的《小过》这两卦时,他言道:"《中孚》、《小过》两卦,鹘突不可晓。《小过》尤甚。如云'弗过防之',则是不能过防之也,四字只是一句。至'勿过,遇之'与'勿遇,过之',皆是两字为绝句,意义更不可晓。"(同上)

讲某卦"不可晓",往往是指不能明明白白地解读该卦的卦辞爻辞,比较精准地把握该卦的内涵。对于这类所谓"不可晓"的卦,朱熹其实还是有不少知晓处的。例如,他虽然跟学生说"《涣》卦亦不可晓",但是还是讲述了许多涣的意义:"只以大意看,则人之所当涣者莫甚于己私;其次须便唤散其小小群队,合成其大;其次便涣散其令与其居积,以用于人;其次便涣去患害。"还向学生明确说明自己对涣义的有些理解来源于苏东坡的解说:"'涣其群',乃取老苏之说,是散了小小底群队,并做一个。东坡所谓'合小以为大,合大以为一'。"(《朱子语类》卷第七十三)

至于对各卦中的爻辞的解读,朱熹的"不可晓"处更多。例如,在解读《夬》九四爻辞中"臀无肤"时,朱熹言道:"这几卦都说那臀,不可晓。"(《朱子语类》卷第七十二)在解读《颐》六四爻辞时,朱熹说:"《颐》六四一爻,理会不得。""六四'颠

颐,吉,虎视眈眈,其欲逐逐',此爻不可晓。"(《朱子语类》卷第七十一)

朱熹的诚实的治学态度,还表现于师生问答过程中,但凡有别家的释义确实优于自家的地方,朱熹总是实事求是地予以肯定。有一次,一位学生以程颐《易传》中的解释与朱熹《周易本义》中的解释相比较,向老师发问:"《本义》言'观颐'谓观其所养之道,'自求口食'谓观其所养之术,与程《传》以'观颐'为所以养人之道,'求口食'谓所以自养之道,如何?"朱熹"沉吟良久",回答道:"程《传》似胜。"(同上)

朱熹这种诚实的治学态度,赢得了学生的尊敬。向学的士子,并未因为朱熹的"不可晓"而看轻老师。许多已经成功走完科举道路、进入仕途的年轻学者,利用任期之间的空隙,来到朱熹身边进修深造。这些学子,就如同现代的"博士后",学习已经不是为了"功名"(学历),而是纯粹的学问提升。他们不仅能理解老师的"不可晓",而且对这种"不可晓"的诚实态度表示敬意。朱熹无论走到哪里,都有一大批学生追随左右、研讨学问,以致有反对者借此在皇帝面前诋毁朱熹有仿效孔子游历之风而有企图向君王邀索高价的嫌疑。

朱熹从《周易》解读中表现出的诚实的治学态度,是朱熹成就大学问的重要原因,也是被后人公认为中国继孔子之后最有影响力的教育家的一个重要因素。

理解中的失误

朱熹在学生面前直言孔子之《易》、王弼之《易》、程氏之《易》的不足，批评其他易学家对《周易》的误读，明确要求学生在读《周易》时首先要读自己的《周易本义》，源自他对《周易》的深刻理解和精准把握《周易》本义的自信。

尽管朱熹对《周易》本义的理解已经达到了整个易学研究的巅峰，但是，他在对《周易》本义的理解中，仍然存在一些不足。举要有两：

其一，朱熹阐述《周易》本义的前提，《周易》是一本占筮书。朱熹认为，只有从占筮的角度理解《周易》的卦爻辞，才能真正理解其本义；前贤对诸多卦爻辞的阐发离开了《周易》的本义，原因就在他们未从占筮的角度去理解这些卦爻辞。在《周易本义》中，朱熹在对爻辞作出解释之后，往往还要加上一笔："故其象占如此"，或"故其占如此"。由于执著于占筮角度理解，朱熹对一些卦爻辞的理解，难免偏离了文王本义。

以《乾》卦九二、九五爻辞中的"利见大人"释义为例，九二爻辞"见龙在田，利见大人"，是继初九爻辞"潜龙，勿用"之后的出辞，意思是当终结了蛰伏期之后，开始步入社会；此时，力量的积聚尚不充分，需要尽可能地争取一切帮助。前一"见"为展现的现,后一"见"为遇见的见。"见龙"为九二自己,"大人"为能给予自己帮助、能够提升自己力量的贤德之人。能够"利见大人",原因在九二爻的处中,在阳爻处阴位而具有刚中有柔的品性。九五爻辞"飞龙在天,利见大人",意思是九五之尊的君王在君临天下的时候,应当将贤能之士招揽在身边,充分发挥他们的作用,辅助自己治理天下。"飞龙"为九五自己,"大人"为能给予九五之尊帮助的辅弼大臣。

朱熹从占筮的角度解读这两段爻辞,认为平常人占筮获九二爻或九五爻,占者怎可当得"见龙"或"飞龙"? 他说:"惟九二见龙,人当不得,所以当把爻做主,占者做客,大人即是见龙。"(《朱子语类》卷第六十八)在解释九五爻辞时,朱熹给学生讲了这样一个本朝的故事:太祖一日问王昭素曰:"'九五,飞龙在天,利见大人',常人何可占得此卦?"昭素曰:"何害? 若臣等占得,则陛下是'飞龙在天',臣等'利见大人',是利见陛下也。"朱熹讲完这个故事,对王昭素解释的评价是:"此说得最好!"(同上)"大人"即是"见龙"、"飞龙"的解释,不免有违文王本义,富含深意的"利见大人",变得浅薄了。王昭素本可以借此机会向宋太祖作一番聚智用能的谏言,在关键时刻却以另类的解读,成为拍宋太祖马屁的典型。当然,王昭素的马屁释义,获得了相应回报,宋太祖不仅授予"国子博士",还赐予茶药及钱二十万。朱熹不是喜欢拍皇帝马屁的人,只因王昭素从占筮角度回应皇帝的疑问,符合朱熹从占筮角度解读《周易》的思路，才作为典型事例加以肯定。然而，这样的解释不仅有违文王本义，也与前贤的解释不合。朱熹一句"两个'利见大人'，向来人都说不通"，正反映了这个与众不适的局面。

所以，朱熹偏执于占筮角度的解读，难免淡漠了卦辞爻辞以言明象的功能特点，给探究《周易》本义的初衷打了一些折扣。

其二，对《周易》卦辞爻辞"以言明象"的譬喻功能缺乏足够的认识。由于始终认为《周易》是一部卜筮之书，卦爻辞均为占筮之用，因而对卦辞爻辞因象而生、举一反三的譬喻性认识不足。例如，朱熹在评论程颐的《易传》时说："伊川只将一部《易》来作譬喻说了，恐圣人亦不肯作一部譬喻之书。"（《朱子语类》卷第六十七）其实，卜筮与譬喻之间，本没有截然而异的划分，卦爻之象的含义，是依靠卦爻辞得以显现，即王弼所说的"以言明象"。如何明象，最有效的办法就是举例而言，让读者触类旁通，各自根据自身的需要进行举一反三的体悟，获得智慧。在孔子作《易传》演义之前的数百年间，先人的占筮活动就是如此进行的。例如，《左传·襄公二十五年》记有一则筮例，齐棠公死，崔武子欲娶齐棠公之妻棠姜，占了一卦，遇《困》之《大过》，陈文子根据变爻规则，以《困》卦六三爻辞"困于石，据于蒺藜，入于其宫，不见其妻，凶"为譬喻，认为崔武子不宜娶棠姜。

事实上，《周易》中的卦辞爻辞，都是以譬喻的方式"以言明象"。其中，有些卦爻辞的譬喻比较简练，有些卦爻辞的譬喻比较具体和生动；有些卦爻辞只用一个譬喻，有些卦爻辞则并列使用两个或两个以上寓意相同的譬喻。例如，《坤》卦卦辞"牝马之贞"、"君子有攸往，先迷后得"、"西南得朋，东北丧朋"，便是并列使用了三个寓意相同的譬喻。《大过》卦九二爻辞中的"枯杨生稊"与"老夫得其女妻"，九五爻辞中的"枯杨生华，老妇得其士夫"，便是两组含意相同的形象生动的譬喻，供读者作为由此推开去的样板。正是这种源于自然和社会生活的譬喻，为人们阅读和理解《周易》提供了方便。

程颐将一部《周易》作譬喻来说，其实并没有错。几千年来，中国人以譬喻的方法说事讲理，与《周易》卦爻辞以譬喻明象的思维方式有着重要的关系。正是这种"以其所知喻所不知而使人知之"的譬喻，使中国人形成了与西方人注重演绎思维不相同的类比思维传统。周文王以譬喻方式明象，与《诗经》的比兴有异曲同工之妙。朱熹批评程颐将《周易》作一部譬喻来说，认为作《易》的圣人"恐亦不肯作一部譬喻之书"的评议，其失误的原因，还是拘泥于《周易》为卜筮之书，卦爻辞即是"告占者之辞"的缘故。

朱熹的这一误判，也导致了近现代一些易学者，如李镜池先生等，一度认为《周易》的卦爻辞是占筮的记录，在治易的道路上走了一段弯路。

朱熹的《周易》研究,不仅使我们在探索《周易》本义时有了一个比较可靠的文本,还使我们知道在面对古典文本和前贤释义时应该持有怎样的态度,如何才能准确有效地研究和阐释祖先留下的优秀传统文化经典。朱熹的《周易》研究,还使我们真切地感受到学无止境的道理。一方面,以言明象、以象尽意的《周易》古经所含蕴的深邃哲理,需要我们不断地发掘体悟,不断地发现自己对它的"不知晓"处,这既是自己进步的体现,也是不断深化研究的方向和动力。另一方面,朱熹《周易》研究执著于占筮而造成的一些理解失误告诉我们,任何研究方法都可能有利有弊,都有可能或多或少地给《周易》研究产生负面影响,因而在《周易》研究中,对自己的研究角度及其研究方法多一些反思,尽可能避免"蔽于一曲",少走学术研究的弯路,使得自己有限的生命资源效益最大化。

(原载《哲学研究》2018 年第 3 期)

马一浮的易学研究

——读《观象卮言》有感

马一浮先生是二十世纪前半期在易学方面研究很深的学者之一。然而当今学术界，并未对马先生的易学思想做过专门研究，①在众多的《周易辞典》中，既未收入马先生的人名辞条，也未将他的易学代表作《观象卮言》作为著作条目。本文以《观象卮言》为主要文本，对马先生的治易方法，以及马先生围绕言象意关系、德位关系、时义关系、道器关系等所作的阐述，进行分析评论，以展现马先生的易学研究方法、易学与儒释道各学融为一体的博大精深。

《观象卮言》共八篇，近四万言，系马一浮先生于一九四一年春夏之间在四川乐山乌龙寺复性书院讲解易学的文稿，1942 年复性书院第一次木刻，1964 年台湾广文书局影印。

---

① 从网上仅查获《周易研究》2005 年第 2 期刊发一篇题为《论马一浮"六艺之学"视野中的易学研究》，重点在谈马一浮的"六艺之学"论及其易学在"六艺之学"中的地位与作用，作者是山东大学文学与传播学院的高迎刚博士生、文艺美学研究中心的马龙潜教授。

马先生谦称"略引端绪,不务幽玄"、"广可千言,约则数语,了不次弟",①故题名《厄言》。其实,二十世纪四十年代初的中国学术界,还很少有人在易学研究方面能达到马先生这样的境界。今天,重新关注马先生的易学研究,不仅是对近现代易学史研究的完善,也有助于当下易学研究的深入。

一

马一浮先生的易学研究方法,有两个显著特点。

第一个特点,是主张"观象玩辞",象数与义理并重。他在《观象厄言序说》的开篇即说:"学《易》之要,观象而已。观象之要,求之《十翼》而已。"他对宋代的义理与象数两派,作如是评价:"伊川特重玩辞,然辞固未能离乎象也。邵氏长于极数,然数固未尝不本于理也。"对于清代学者批评"图书"派的现象,马先生也不以为然:"将天一地二之言,亦可废乎?"对时人轻视义理的倾向,他更是不满:"近人恶言义理,将穷理尽性之说,为虚诞乎。何其若是之纷纷也!"他明确言道:"大抵观变者,不必尚占;观象者,先求尽辞。故说义不能祧王、程,玩占不能废京房。"这里说的"王",是指魏晋时代提

① 《中国现代字术经典·马一浮卷》:《复性书院讲录·卷六》,河北教育出版社 1996 年 8 月第 1 版。(以下引文,未加注者均出自该卷)

倡"以言明象,以象尽意"并主张"得象忘言,得意忘象"的王弼。细品马先生之文,似乎对王弼的"忘言"、"忘象"主张不甚满意,有造成学易者"未得其意而遽言忘象,未得其辞而遽云忘言"的可能。"是以圣人曰尽而不曰忘。"他所指的圣人,当是《十翼》作者孔子。当然,王弼的"忘象"之意虽注重义理,而又并非不知观象,他是在观象基础上的"忘象"。马先生在引述了王弼的一段话之后这样言道:"孰谓辅嗣而不知观象哉?"马先生对当时将象数与义理分割的研究方法明确表示异议与忠告:"今治易者,只在卦象上著倒,不求圣人之意,卦象便成无用。""专以卦辞为教体者,不能得之也。"(《观象卮言五·附语》)

　　马先生既是义理与象数并重的提倡者,自然也是这一方法的实践者。他对八经卦的阴阳构造作如是分析:"阳卦多阴,阴卦多阳。震、坎、艮,皆二阴;巽、离、兑,皆二阳。三男皆得乾之一爻,以阳统阴;三女皆得坤之一阴,以阴御阳。所谓阴阳合德,而刚柔有体也。"据象伸义,以理辞象。马先生又说:"一念应健,则是乾象。一念应顺,则是坤象。动乎险中,则是屯象。险而止,则是蒙象。刚反,则是复象。柔遇,则是姤象。一念阳亢,则是亢龙有悔之义。一念阴凝,则是履霜坚冰之义。一念正中,则有君德之义。一念直方大,则有不习无不利之义。例此可知,六爻之义易以贡,故爻以义言也。"卦爻象数与义理,如影随形,须臾不离。其间关系,则

149

是"数在象后，理在象先。离理无以为象，离象无以为数"。这里说的"理"，指事物本然之理，而非"明象"之言。"以言明象"之"言"，在马先生看来，实是"不得已为未悟者设耳"。也就是说，卦象爻象是根据天地万物的本然之理抽象而得；通过观象，体悟其中所含义理。悟性高的人，毋须卦辞爻辞便可领悟象数中蕴含之理；悟性一般的人，则须借助卦辞爻辞读懂象数中蕴含之理。例如，"合艮兑而成咸，圣人感人心而天下和平，言之感以虚受也。合震巽而成恒，君子久于其道而天下化成，行之久而不易也"。这里从重卦的上下经卦之间的关系中，体悟卦象蕴含的义理。

马先生还从卦象的位置安排中，体悟出诸多义理，发前人所未发。例如，他从文王八卦方位中的乾为什么被安排在西北位置，作出了独具慧心的解释："西北阴盛之地，本非阳位，乾所以寄位于西北者，以阳胜阴也。"马先生不仅找到了乾处西北的理由，还由此联想到社会的一般规律："自古圣贤多在乱世，亦即乾位西北之理。"（《观象卮言三·附语》）

由于观象与玩辞结合，马先生看出了许多别人看不出的东西。例如，他看出了卦爻辞中的"大"字，如"大吉"、"大亨"、"利见大人"等，"皆指阳爻言之"。他还从"大"中分析出了十种义理：周遍义、包蕴义、自在义、无碍义、无尽义、无方义、无为义、不测义、即物义、无我义。

第二个特点，是将易学与儒学、佛学、道学融为一体。在儒、释、道三学中，马先生首重儒学："但欲初明观象之法，直抉根原，刊落枝叶，必以《十翼》为本。间有取于二氏之说，假彼明此，为求其易喻。"综观全书，马先生都在引用《十翼》中的文字，解读卦爻象数中蕴含的义理，同时又信手拈上一、二个佛教语，一、二句老庄语，作进一步的喻解。同时还要进行儒、释、道三学的优劣评述。

在《观象卮言序说·附语》中，马先生首先引出佛教作比："《华严》法界之名，与《易》义相准。"接着，又引出道家之说："忘象之说，本于庄子。然庄子即是深于观象者，其所言莫非象也。"肯定庄子深于观象，意在提示后人不要"未得其意而遽然忘象"。

在《观象卮言一》中，马先生分析《系辞传》中的"易有太极，是生两仪……"一段文字时说："一奇一偶，其数为三"，联想到老子的"一生二，二生三，三生万物"，同时又联想到邵雍的"易有真数，三而已是也"，实际上解开了学术界长期未能确解的一个谜，即老子讲的"二生三"中的"三"究竟何谓："一奇一偶，其数为三"。阳爻一画、阴爻二画，相加即为三。万物负阴而抱阳，故曰"三生万物"。马先生信手拈来，解了一个在别人那里是万难的结，诚可谓举重若轻。

在《观象卮言二·附语》中，马先生在解释《十翼》的三个概念"崇德广业"、"极深研几"、"开物成务"时，认为极深研几是成性，崇德广业是成能，开物成务是成位，"略如佛氏之三身:极深研几,成就法身;崇德广业,成就报身;开物成务,成就应身。亦即法性身、般若身、解脱身也。"用佛教理论中的概念比较《十翼》中的概念,儒、释相融,以佛喻易,便捷了有佛学基础的人对易学的理解。

在《观象卮言四》分辨"小大"关系时,马先生将道家与佛教的理论与易理放在一起进行分析评判。他先是引述老庄之言:"若夫善言大者,老庄亦不易几也。老子之言道也,曰'吾强为之名曰大',是显体大也。'大曰逝,逝曰远',是显相大也。'远曰反',是显用大也。又言:'大言希声,大象无形。大道甚夷,而民好径。'是皆有得于易简者。庄生之言,浩瀚有近于奢,而实善言大。文多不烦具引,但举其一语曰:'不同同之之谓大。'岂非华严同异一相之旨乎。大抵,老庄皆深于易,而不能无失。洁静精微,则佛氏圆顿之教实有之,非必其出于易之书也。"在道、佛两学中,马先生似平更欣赏佛学。但是,若与儒家相比,佛氏也要等而次之。"禅家谓之圣见犹存,在儒者言之,则犹不免于私小。……老庄虽观缘而觉,犹住涅槃。论见处即真用处,未是。"

力主心外无物的马先生,对佛、道两家的批评,主要集中在"执性"上。《观象卮言六·附语》中,马先生明确指出:"庄子实有执性废修之弊。禅师家末流亦然。此病最误人。如《田子方篇》设为老聃告孔子之言曰:'水之于汋也,无为而才自然矣;圣人之于德也,不修而圣人不能离焉。若天之

152

自高,地之自厚,日月之自明,夫何修焉!'此便是执性废修之言。"

同一篇文中,马先生还将佛、易之间的差异性作了一个比较:"佛氏言诸法,不自生,不他生,不共生,不无因生,是故说缘生。缘生之法,生则有灭。生唯缘生,灭唯缘灭。故彼之言生,乃仗缘托境,无自体性。易之言生,则唯是实理,故不可以生为幻,此与佛氏显然不同。"同时,又联系儒家之说,比较优劣:"汉儒说性者生之质,只见得气质之性。若改作生之理,则是也。佛氏实能见性,然其说生,多是遮诠,故不可尽用。易教唯用表诠,不用遮诠。学者当知,遮则以生为过咎,表则显其唯是一真也。"

何谓表诠、遮诠?在后一篇文字里,马先生作了明确表达,并认为这是两种阐说经义必须掌握的重要方法:"凡说经义,须会遮表二诠。遮是遣非荡执。如言不常不断,不一不异等。表乃显德正名。如中正、仁义、贤圣等。二氏意存破相,多用遮诠。六经唯是显性,多用表诠。设卦观象,皆用表诠也。中正所以表刚柔之德,大人以表具此德之人。然学者莫要向卦爻上觅要识。此德此人,须向自己心性中求之。否则终不可得,只成虚说。又,易言无方、无体、无思、无为,亦是遮诠。"

马先生将儒、释、道融于一体的研究,不仅是以儒、释、道解易明易,同时也是对三家学说的比较研究,既有肯定,也有否定,观点鲜明而坚持了自己一贯的哲学立场。例如,他对道家评价很高,曾有"先秦诸子,以道家为最高。道家之中,又以老子为最高"之论,认为老子思想出于《易》:"《易》以道阴阳,故长于变。爱恶相攻而吉凶生,远近相取而悔吝生,情伪相感而利害生。这个道理,老子观之最熟。故常欲以静制动,以弱胜强。"马先生以大量篇幅,将老子的话与《易》的思想做比较,论证其源自于《易》。但是,他又以很大篇幅论证老子思想中与《易》之不同,感叹其"流失"。他寻找到老子流失的"病根所在,只是外物"。他站在自己的"心外无物"立场上评判老子的唯物主义哲学立场:"他真是个纯客观、大客观的哲学。"①

二

在《观象卮言》中,马先生对易学中的许多概念及其相互关系进行了深入分析,体现了马先生对以《易》为源头的中国传统文化的精深理解。这里,仅选德、位,时、义,道、器等三对范畴作一些介绍,以见马先生易学研究之一斑。

在马先生的易学思想体系里,德原于理。他所谓之理,

---

① 《中国现代学术经典·马一浮卷》;《泰和会语·附录·论老子流失》。

就是"性命"。他说:"理必顺性命,故离性命无以为理";"以理为有外者,不顺性命则非理。"(《观象卮言六》)得此理者,名之为德。所以,德也就是得。例如,"乾得之而为健,坤得之而为顺",健就是乾之德,顺就是坤之德。根据周易的卦辞,马先生认为,"元、亨、利、贞"就是乾之德,"直、方、大"就是坤之德,并由此延伸,"语人之德,则曰仁义礼智,或曰中正仁义,一也"。所谓"一",是说"仁义礼智"与"中正仁义"是一回事。紧接着,马先生又提出"三即一"这个"合德"命题,主张将乾之德、坤之德与人之德合而为一。他认为,"人之德,即天地之德。人之心,即天地之心。人而不能与天地合其德者,谓之小人,甚则谓之匪人"。正因为如此,离开了人去谈易,也就不可能真正理解易。

在马先生眼里,周易六十四卦大象,都在向人们召示修德之事。例如:"履,德之基也。谦,德之柄也。复,德之本也。恒,德之固也。损,德之修也。益,德之裕也。困,德之辨也。井,德之地也。巽,德之制也。"而六十四种德相,"皆统于乾坤,俱摄于易简"。易简,即与天地合德之人心;如上文所言"三即一"的原因,万德"不出一心"。

马先生又将德分为性、修二类:"元亨利贞、仁义礼智是性德,敬义直方是修德。"在"性德"中,还可以再分出性、修二德。例如,在"元亨利贞"四德中,元亨是性德,利贞是修德;在"仁义礼智"四德中,"仁义是性德,礼智是修德。亦可仁智是性德,礼义是修德"。性与修的关系,性是本,修是彰显本的途径与措施,"圣人之教,皆因修以显性,不执性以废修。"(《观象卮言六》)这种彰显本性的措施,如利贞,如礼义。而老庄的顺应自然淡漠仁义之言,如老子讲的"若天之自高,地之自厚,日月之自明,夫何修也",便是"执性废修之言",是易学精神的严重"流失"。在乾、坤两卦间,乾为性德而坤为修德,所以马先生说:"全性起修,故乾统坤。全修在性,故坤承乾。乾坤合德,故性修不二也。"乾坤合德是天地间最大的德,因为它不仅能化生万物,而且生生不息。"生生之谓易,则于显中见隐,于气中见理,于变易中见不易。"易通过乾坤等六十四卦展示了天地之大德。

位是周易系统中的一个基本概念,许多重要的义理阐发离不开位。乾坤统领的六十四卦所蕴含的万德,就是通过各卦中的六爻之位体现的。准确体会了各爻位的意义,也就领会了天地之德万物之德。知位,即明德。

马先生以乾卦的六个爻为例,根据《系辞传》及乾卦象辞的阐解,"乾道变化,各正性命",而非九五才是尊位。对六个爻位的界定,有以三画以下为地,四画以上为天;有以初、二为地,三、四为人,五、上为天;有以初为元士,二为大夫,三为三公,四为诸侯,五为天子,上为宗庙。"皆不可以泥也"。位的分类及其属性,都要根据语境的需要随之变化,不可拘泥不变。在一个阴阳相错的卦中,往往是少的那种爻是该卦的主爻："少者,多之所贵。寡者,众之所宗。"其理由,正如王弼所说:"众不能治众,治众者至寡者也。动不能制动,制天下之动者,贞夫一者也。"六十四卦之主爻,"皆具乾坤之一德"。

马先生认为,位是一个与德紧密相连的概念。失位亦即阴阳不当位,是失德的表达。六二、九五,并言"中正",即处中得正;九二、六五,则只能说"中",而不能说"正";六三、九四,均不能说"位"。马先生这里说的"位",是指阳爻居阳位、阴爻居阴位的"得位"。

总之,位是德的表达。"失德则失位";反之,不当位表明失德。时与义作为一对范畴,马先生认为应当合在一起解释。时指适时通变,义则涉及如何变。时是对势态的把握,义是对变易内容的要求:"随时变易以从道,乃所谓义也。若违道以从时,则不唯害义,亦不知时。时义一也。"(《观象卮言七》)

时分两类,一是六十四卦各有其时,一是每卦中的六个爻各有其时。乾卦的《彖传》说:"大时终始,六位时成,时乘六龙以御天。"讲的就是乾卦的时与六个爻的时。《文言》说:"潜龙勿用,阳气潜藏。见龙在田,天下文明。终日乾乾,与时偕行。或跃在渊,乾道乃革。飞龙在天,乃位乎天德。亢龙有悔,与时偕极。乾元用九,乃见天则。"是对"六位时成"的详细说明。马先生还指出,《彖传》专讲时的有颐、大过、解、革四卦,讲时义的有豫、遁、姤、旅四卦,讲时用的有坎、睽、蹇三卦,言义的有家人、归妹二卦。他随后给学生出了一个题目:"专言时,与言时义、言时用,何以不同?思之。"在马先生看来,把握时机固然重要,知进退存亡而不失其正尤为关键。"若以随人为时,徇外为义,则失之远矣。"马先生的时义观,显然是义以为本的。

道、器是中国哲学史上的一对重要范畴。因为这一对范畴在易传中有"形而上者谓之道,形而下者谓之器"的界定,自然也就成为马一浮先生易学研究的收官之作。他在《观象卮言八》中作了专门的深入研究。马先生首先对道、器二范畴作了一个很有特点的定义分析:"器者,万物聚散之目。道者,此理流行之称。道无定体,而器有成形。"他又进一步解释说:"器,即气也。"但是,器与气还是有合与散的区别:"合则曰气,散者曰器。"合与散,是物的合与散:"万物散殊,皆名为器。流而不息,合同而化,以气言也。"器与气,一物二名,是一物二态,一态一名。道亦如此。马先生说:"道,即理也。"但是,道与理亦有寂与通的区别:"寂则曰理,通则曰道。"何谓通?《系辞》说:"一阖一辟谓之变,往来不穷谓之通。"马先生据此分析:"乾者,万物之所出,坤者,万物之所入,故以阖辟言之。阖则阳变而阴,辟则阴变而阳,故谓变。阖往而辟来,未尝有间息,故谓通。"寂为隐性为不动,通为显性为变易。理与道,二名一实,是一实二态,一态一名。理隐于道,道隐于器。所以,马先生又说:"以道望理,则理隐而道

158

显。以器望道,则道隐而器显。"

由道而器,是一个由隐而显的过程,因而也是一个由形而上向形而下变通即生成的过程,成器的推动力,就是"天道"。为什么道称形而上、器称形而下?马先生认为:"道在象先,故称形而上。器在形后,故称形而下。"形上与形下,实际含义是形先与形后。在马先生看来,虽有上下、先后之分,道与器的关系还有更深层的含义:"天人一理,故道器不二。器者,道之所寓也。"道在器中,高明的人见器即见道,平常的人见器不见道,由此形成"心外有物"与"道外无事"这两种哲学观:"凡民见器而不见道,故心外有物。圣人见器莫非道也,故道外无事。"马先生是反对"心外有物"而主张"道外无事"的人,这也是他拒绝唯物主义的哲学理由。器中寓道,见器即见道;盈天地之间者皆器,亦即"盈天地间皆道也"。在圣人眼里,满世界都是道,但是百姓却日用其器而不知道。百姓日用而不知,是不能领悟隐性之理化为显性之道的"流行"。知"理之流行",亦即知道,须具有一定哲学素养方能进入这一境界。一旦跨入这一境界,也就能够"通神明之德,类万物之情"。这也正是早期儒家为什么愿意"朝闻道,夕死可矣"的原因所在。

以上所述,只是择要列举马一浮先生以《十翼》为基础展开易学研究的一小部分内容。

三

马一浮先生的《观象卮言》,代表了二十世纪上半期的中国易学界的最高水准。作这样一个评估,是有根据的。二十世纪上半期,中国学术界在周易研究方面的学者颇多,代表人物大致有郭沫若、顾颉刚、李镜池、闻一多、冯友兰等人。为便于比较,且对这些具有代表性的学者在易学研究上的大致情况作一概述。

郭沫若在这一时期的研究主要有《周易时代的社会生活》《周易之制作时代》。前一篇发表于1928年,郭沫若对周易的评估是"古代卜筮的底本,就跟我们现代的各种神祠佛寺的灵签符咒一样"。认为卦爻辞"大抵是一些现实社会的生活",通过分门别类,可以得到当时的一个社会生活的状况和一切精神生产的模型,"可以看出那是怎样的一个原始人在作裸体跳舞"。[①]郭沫若的这篇文章,就是在这样一个框架内展开,与周易本有的象数与义理全然无关。后文写于1935年,发表于1945年,是一篇关于周易制作时代的考证文字,主要观点有:(1)八卦的卦形,大部分是由既成文字诱

---

① 该文原载《东方杂志》二十五卷二十一、二十二号(1928年11月),后收入《中国古代社会》(1953年,人民出版社)、《郭沫若全集·历史编·第一卷》(1982年,人民出版社)。

导出来的,它们的构成时代不能出于春秋以前;(2)孔子和《易》没有关系,在孔子当时《易》的经部还没有构成,《周易》的经部作于战国初的馯臂子弓;(3)《易传》中的大部分内容出自秦时代的荀子门徒。①整篇文字同样未涉及《周易》的象数与义理;考证结论,现在看来也都是错误的。

顾颉刚在 1930 年左右发表的易学研究成果,主要有 1929 年的《周易卦爻辞中的故事》、1930 年的《论易系辞传中观象制器的故事》《答适之先生论观象制器书》,以及与李镜池讨论易经的一封信。其中,第一篇文章对《周易》卦爻辞中涉及的几个历史故事的考证,第二、第三篇涉及《系辞传》中关于观象制器故事的真假问题的考证。这三篇文章,从考证角度而言,都很见功底,尤其答胡适的那篇文章,足足做了八、九个月的资料准备,是一篇难得一见的优秀的考证文字,远胜于郭沫若对于周易制作时代的考证。与李镜池讨论易经的一封信,实为讨论篆传与象传的关系,也是考证性文字,且富于批评色彩,例如,认为象传中爻的部分,除了少量讲位之次序的犹有些意义外,"其余简直望文生训,或把爻辞改头换面,或说些自己也不懂得的囫囵吞枣的话"。②如此看待

① 该文原载《青铜时代》,1945 年 3 月文治出版社出版,后收入《郭沫若全集·历史编·第一卷》,人民出版社,1982 年 9 月第 1 版。

② 蔡尚思主编:《十家论易·顾颉刚论易经》,岳麓书社,1993 年 3 月第 1 版。

《易传》，观象玩辞的易学研究自不可能。

李镜池是一位专业的易学研究者，他在二十世纪上半期的易学研究成果自然也要比同时的其他学者丰硕。在三十年代，他发表的代表作有：《易传探源》《左传、国语中易筮之研究》《周易筮辞考》，认为卦爻辞是卜史的卜筮记录，同一卦爻辞中往往有数次记录的合并，形成不相连属的词句；认为《周易》只反映出文化粗浅的初民时代的社会情况，并无高深的道理存乎其中；认为《易传》作于战国末、秦汉间。四十年代后期，李镜池又发表《周易筮辞续考》，改变三十年代初关于《周易》作于周初的观点，而认为写定于西周末年。这些研究表明，李镜池对于《周易》的认识还处于很不成熟的阶段。直到六十年初，李镜池在《周易卦名考释》一文的补记中，纠正了自己在三十年代的错误看法，坦率承认："最近写《周易通义》一书，才明白卦名和卦、爻辞全有关系。其中多数，每卦有一个中心思想，卦名是它的标题。"①

闻一多的易学研究成果主要有《周易义正类纂》，写成于1941年，另《璞堂杂记》中也有相关成果。在前一篇中，按"经济事类"、"社会事类"、"心灵事类"对周易中的部分难解的卦爻辞作旁征博引的训诂纂解，多有发前人未发之言。闻

---

① 蔡尚思主编：《十家论易·李镜池论易经》，岳麓书社，1993年3月第1版。

一多自谓:"以钩稽古代社会史料之目的解《周易》,不主象数,不涉义理,计可补苴旧注者百数十事。删汰芜杂,仅得九十。"在后一篇中,也是对卦爻辞中一些文字的训诂纂释,如训"金夫"为"金矢"、"躬"为"弓"等。①闻一多的这些工作属于易学的基础性研究,对准确解读《周易》的卦爻辞的本义提供了一种参考。因为不涉及象数与义理,故并不是对《周易》思想的整体理解或深层次研究。

冯友兰在这一时期的易学研究成果,主要见诸于1947年在美国宾夕凡尼亚大学讲授《中国哲学简史》(英文稿)中的一部分。冯友兰概述了国内关于易经起源及其占筮之后的解读卦爻辞方法,以及易经之后加上的许多辅助性解释即易传;易传的内容涉及道德学、形上学、宇宙论。八卦的乾坤结合而生其余六卦的过程,就是阴阳结合而生天下万物这个过程的象征。冯友兰认为,《易传》中最重要的形上学观念是"道",《易传》的道与道家的道完全不同。道家的道是无名、不可名之道,由此产生宇宙万物的生存和变化;易传的道是可名之道,是宇宙万物各类分别遵循的原理。同时又认为,卦辞爻辞可以应用于实际生活的各种不同的特殊情况;卦、爻如符号逻辑中所谓的"变项",可以代表这类事物应该

---

① 蔡尚思主编:《十家论易·闻一多论易经》,岳麓书社,1993年3月第1版。

遵循的道。"从占卜的观点看,遵之则吉,违之则凶。从道德的观点看,遵之则是,违之则非"。还认为,根据易传的解释,六十四卦的顺序安排至少有三点涵义:(1)宇宙中的一切,包括自然界、社会界,形成一个自然序列的连续链条;(2)在演变过程中,每个事物都包含自己的否定;(3)在演化过程中,"物不可穷也"。[①]

如果说,以上诸位学术大家的易学研究大致能代表上世纪上半期中国易学研究水平的话,那么,马一浮先生易学研究的水准高下,应该是显而易见的。

进入二十世纪五十年代以后,马先生的学术思想包括他的易学思想为学术界所淡漠的一个重要原因,是他的唯心主义立场及其对唯物主义的批评。1938 年,马先生在江西泰和讲学,谈及老子思想的"流失"时,这样言道:"今讲老子流失,是要学者知道,心术发源处合下便当有择。若趋向外物一边,直饶汝聪明睿智,到老子地位,其流弊不可胜言。何况如今代唯物史观一流之理论,其浅薄去老子简直不能以霄壤为喻。而持彼论者,往往自矜以为天下莫能过,岂不哀哉!"[②]以唯物主义为主流意识形态的社会里,马先生的唯心

---

① 蔡尚思主编:《十家论易·冯友兰论易经》,岳麓书社,1993 年 3 月第 1 版。

② 《中国现代学术经典·马一浮卷》:《泰和会语·附录·论老子流失》。

主义不能被接受,是情理中事。而马先生从《易》中读出心外无物、道外无事的意思,亦难免有仁者见仁、智者见智的偏颇之嫌。

现代易学史研究,因为马一浮先生的缺席,而少了许多生气。

（原载《周易研究》2009 年第 6 期）

熊十力《乾坤衍》辨正

前　言

　　《左传》《国语》中有二十二条古人用《周易》占事和论事的记录。从前后约二百年时间来看，古人对《周易》的应用，是逐渐从占筮向着援引的方向过渡。到了春秋末，开始注重于《周易》义理的解析和应用，也便有了孔子读《易》至"韦编三绝"的故事，及其《易传》的诞生和荀子关于"善为《易》者不占"的认识。魏晋时期，王弼关于言、象、意三者关系的阐述，获得了学术界的普遍认同；唐代孔颖达奉旨作疏的《周易正义》，为天下学子的科考提供了读《易》范本。从此以后，学界尽管多有阐解《周易》的著作问世，见解各有所长，但是释义析理的路向基本一致。例如，宋代理学家程颐的《周易程氏传》、朱熹的《周易本义》，虽然对《周易》中的一些卦爻辞的理解颇多异议，但都是学术界有重要影响的著作，是学子应试时的主要参考书。二十世纪初，随着科举制度终结，《周易》不再成为每个读书人的必读书，《周易》这本曾位居诸经之首的书也不再列入新式教学的计划之中。但是，关于《周易》属性的评论，对《周易》卦爻辞的解读，仍然是学术界的一道风景线。在整整一个世纪的易学研究中，多有偏离传统路径的释义之作。例如，有认为：《周易》是宇宙演化至殷周时的历史："乾坤两卦是绪论，既济未济两卦是导论。自屯卦至离卦草昧时代至殷末之史，自咸卦至小过卦为周初文、武、成代之史。"①有认为：《周易》"是一部殷周奴婢起义史"。②熊十力先生著于二十世纪五十年代末、六十年代初的《乾坤衍》，也是这类研究中的一部易学作品。

被称为熊十力先生"最后一部哲学著作"的《乾坤衍》，否定了前人关于《周易》作者的认识，颠覆了人们对于《周易》卦爻辞的理解。1961 年春，《乾坤衍》抄本由作者通过郭沫若先生联系中国科学院印刷厂，自费影印百余部，流通不多，传本甚少，因而大陆学术界并未引起普遍关注和评论。然而在海峡另一边，台湾学术界则甚为关注熊十力自谓"此为余之衰年定论"③的《乾坤衍》。被称为现代新儒家代表之一的徐复观，是在 1980 年才读到《乾坤衍》的。这位无论身在台湾或香港，书柜上永远都放着恩师熊十力照片的学者，面对《乾坤衍》中的恩师话语，十分惊讶："连日偶翻阅熊十力先生的

①　胡朴安：《周易古史观·自序》，上海古籍出版社 2006 年 7 月版。
②　黎子耀：《周易秘义·绪言》，浙江古籍出版社 1989 年版。
③　熊十力：《乾坤衍》第 249 页，上海书店出版社 2008 年 3 月版。

《乾坤衍》,其立言猖狂纵恣,凡与其思想不合之文献,皆斥其为伪,皆骂其为奸。其所认为真者仅《礼运大同篇》及《周官》与《公羊何注》之三世义及乾坤两彖词,认定此为孔子五十岁以后之作。彼虽提倡民主,而其性格实非常独裁,……我不了解他何以疯狂至此。"①

但是,与熊十力先生在港台的弟子及再传弟子不同,上世纪八十年代以来,大陆学者在对熊十力学术思想展开研究的过程中,往往对《乾坤衍》一书采取回避的态度。在最近三十多年时间里,有关熊十力哲学思想研究的专著和论文层出不穷,然而熊先生十分看重的"此为余之衰年定论"的《乾坤衍》,往往都被忽略,颇有为尊者讳的嫌疑。另一方面,由于熊学研究成为热点,出版社将当年熊十力先生自费影印的《乾坤衍》重新印刷出版,使得许多初入易学门径的年轻学者在阅读之余,难免产生种种困惑。

有鉴于此,笔者不揣浅陋,对《乾坤衍》作一些力所能及的辨正,但愿能对易学研究的健康发展有所裨益。

一、孔子读易、著易辨正

《乾坤衍》内分《辨伪》《广义》两篇。在《辨伪》篇中,熊十

---

① 熊十力:《乾坤衍》第 249 页,上海书店出版社 2008 年 3 月版。

力先生认为，孔子晚年喜易，读的是伏羲之《易》；《周易》的作者不是周文王，而是孔子；《周易》及其《易传》，均为孔子所著。以《周易》为本的儒家经典即"六经"，都是被孔子之后的"小儒"改窜过的孔子著作。熊先生的这一辨伪之辞，既不符合目前可见的史料，也与传统的易学研究结论迥异。

1. 孔子读《易》辨正

孔子与《易》的关系，史料记载有两处。一在《论语·述而篇》："子曰：'加我数年，五十以学《易》，可以无大过矣。'"另一在《史记·孔子世家》："孔子晚而喜《易》，序《彖》《系》《象》《说卦》《文言》。读《易》，韦编三绝，曰：'假我数年，若是，我于《易》则彬彬矣。'"后人曾对《论语》那段话中的"加"与"五十"字，与别种版本《论语》作比较之后认为："加"作"假"，"五十"作"卒"。其原因，"'加'、'假'声相近而误读，'卒'与'五十'字相似而误分也"。宋代朱熹也在将两处文字作比较之后作出相近的判断："《史记》作'假我数年，若是我于《易》则彬彬矣'。'加'正作'假'，而无'五十'字。盖是时，孔子年已几七十矣，'五十'字误无疑也。"①学术界对于孔子晚年喜易及其读易之后的感叹语的理解，也基本定于此。

① 朱熹：《四书章句集注·论语集注·卷四》第 97 页，中华书局 1983 年 10 月版。

然而,熊十力先生作出了与众不同的解读。他将《论语》中的"五十以学《易》",与《史记》中的"孔子晚而喜《易》"联系起来,将孔子一生划分为两个阶段:"总论孔子之学,有早年、晚年二期不同。"而早年与晚年的分界,就是五十岁的前与后。熊先生认为:孔子"早年习古帝王之礼,有曰:'周监于二代,郁郁乎文哉! 吾从周。'又曰:'述而不作,信而好古。'此盖其少年时研古学之兴趣甚浓厚,故有向往三代之深情也。"而随后多年的周流列国,"亲见当世天子诸侯大夫之昏暴,同情天下庶民之疾苦;又其远游生活,时时接触自然与广大社会,较其少年时闭户稽古之心情,当然大不相同。"从"不惑"的四十岁到"知天命"的五十岁之间,便是孔子思想由早年向晚年转化的过程。"五十学《易》,则其新思想已成熟。"①

就这样,熊先生将《论语》中说的"五十以学《易》"与《史记》记载的"晚而喜《易》",联系在了一起。

但是,孔子的"晚而喜《易》……读《易》,韦编三绝",就是孔子五十岁学《易》的描述,只是熊十力先生一个人的看法。从生理角度而言,孔子七十三岁寿终,五十岁的时候怎么也不能称为"晚年"。从《史记》介绍孔子生平事迹的顺序,讲述到"孔子晚而喜《易》",是在"孔子之去鲁凡十四岁而反乎鲁",即孔子 68 岁之后的事情。年近古稀,确乎称得上"晚

---

① 　熊十力:《乾坤衍》第 81 页,上海书店出版社 2008 年 3 月版。

年"。这也是朱熹在《论语集注》中说"孔子年已几七十矣,五十字误无疑也"的根据。

熊先生以孔子自白"五十知天命"为依据,硬是将孔子一生划分为早期与晚期,并寻找所谓思想变化的根据。事实上,五十岁之前的孔子,"出国"记录仅三次,一次是在三十四岁那年,在鲁昭公支持下,带着年少的南宫敬叔赴东周京都落邑(洛阳)考察文物,向老聃学礼,向苌弘学乐。第二次是在三十五岁至三十七岁之间,因避鲁乱,率部分弟子去齐国,客居贵族高昭子家,曾被齐景公召见问政事,孔子以"君君、臣臣、父父、子子"应答。三十七岁时,因遭齐大夫威胁而返鲁。同年,兄长孟皮在卫国兄岳父家病故,孔子前往将兄长灵柩运回安葬。其他时间,孔子一直居鲁授徒讲学,并没有熊先生所谓的"常周流列国,亲见当世天子诸侯大夫之昏暴,同情天下庶民之疾苦;又其远游生活,时时接触自然与广大社会"等促使孔子转变早年思想、变化形成晚年新思想的经历。

那么,孔子五十学《易》乃至"韦编三绝"的《易》,又是什么书呢?《乾坤衍》的《辨伪》篇一开始就说,孔子的"晚年思想,则自五十岁读伏羲氏之《易》,神解焕发,其思想界起根本变化"。[①]熊先生断定孔子晚而喜《易》,读的是伏羲所著之

---

① 熊十力:《乾坤衍》第 3 页,上海书店出版社 2008 年 3 月版。

《易》，此说前无古人。伏羲时代，在新石器时代的中晚期，文字草创于斯，所以伏羲被后人称为"人文始祖"。无论是《易传·系辞下》所说的伏羲"始作八卦"，还是根据六十四卦中的《离》卦之象"作结绳而为网罟"，伏羲时代给六十四卦分别写上相应的卦名和卦辞爻辞，显然不可能。所以，熊先生认为孔子是在五十岁时反复阅读伏羲之《易》，以至"韦编三绝"，这完全是一种不切实际的臆想。

当然，熊先生也知道伏羲时代文字初创，不可能附有许多文字的《易》，所以他又对孔子读的《易》作出解释："伏羲之《易》即八卦是也。"①"孔子所学者，即伏羲之八卦。"②"伏羲之《易》只有卦爻而无辞。"③既然是八卦，其象简单，何以孔子读《易》而致"韦编三绝"呢？熊先生解释道："韦编毁绝凡三次，言其读《易》之时甚多故也。""盖孔子未读《易》以前，其思想早与伏羲八卦之义旨有相遥契，故乍读之，即玩索而不能舍。"④仅仅只有三爻一组的八个卦象，能否称《易》？八卦有多少内容，锲刻在几枝竹简上，阅读时需要反复舒卷，以致韦编三绝？因此，仅八卦而三绝，同样是一个不合常理的臆测。说得更简单一些，伏羲时代有"竹简"吗？

① 熊十力：《乾坤衍》第3页，上海书店出版社2008年3月版。
② 熊十力：《乾坤衍》第14页，上海书店出版社2008年3月版。
③ 熊十力：《乾坤衍》第71页，上海书店出版社2008年3月版。
④ 熊十力：《乾坤衍》第81页，上海书店出版社2008年3月版。

2. 孔子著作《周易》辨正

熊十力先生为什么说孔子读的《易》是伏羲的《易》而不是周文王的《周易》？因为他根本不承认《周易》是周文王因于羑里时所作，而认为《周易》是孔子读了伏羲之《易》后的著作；认为孔子不仅写了《周易》，还紧接着写了解释《周易》的《易传》。

《周礼·春官》："大卜掌三易之法，一曰《连山》，二曰《归藏》，三曰《周易》。其经卦皆八，其别卦皆六十有四。"东汉著名学者郑玄的《易赞》及《易论》解释说："夏曰《连山》，殷曰《归藏》，周曰《周易》。"周代的《周易》，史料记载出自周文王之手："西伯盖即位五十年。其囚羑里，盖益《易》之八卦为六十四卦。"①这就是后世广为流传的文王在羑里狱中演《周易》的故事。当然，司马迁在记述这个故事时，还是留下了一个经不起推敲的问题：既然演《周易》之前就有夏之《连山易》、殷之《归藏易》存在，西伯缘何还在作"益《易》之八卦为六十四卦"呢？究竟是《周易》之前本无《连山易》《归藏易》存在，还是司马迁的表述有问题？

据有关史料透露，《连山易》《归藏易》在先秦时期还有存在，而亡佚的时间是在汉初。但是，所谓的《归藏》佚文，在历

---

① 司马迁：《史记·周本纪》。

173

代古籍中都有散见，真伪之辩不断。1993年3月，湖北江陵荆州镇邱北村王家台15号秦墓，出土了一批竹简，其中有《归藏》简，证实了《归藏》古易的存在。这些《归藏》佚文究竟是不是殷《易》，是不是在孔子之前就已存在，尚需作深入研究，但是有一点可以表明，《周礼·春官》所说的古代大卜所掌"别卦皆六十有四"的《连山》《归藏》，应该是事实。

熊十力先生不仅否认周文王作《周易》，同时还否认《连山》《归藏》这两部古易的存在。

他认为，汉代人说文王益《易》之八卦为六十四卦，"盖小康之儒以拥护君统之邪说，窜乱孔子之《周易》，欲假托文王以抑孔子耳"。[①]对于文王不可能将八卦相重为六十四卦而作《周易》，熊先生的理由是："倘伏羲画卦，数止于八，必是见得执简驭繁，可以包通万有，无须增益。文王生于千载下，何敢妄以己意代伏羲重卦乎？如八卦犹未足，伏羲便当自广为六十四，何至留一大空缺！断无此理。"[②]至于夏之《连山》、殷之《归藏》，熊先生认为即便汉时有也是伪托之书："若汉时果有《连山》《归藏》二《易》，吾推定当是六国时好事者所为，而伪称《夏易》《殷易》耳。"并进一步认定："……《连山》首《艮》，其有老氏守静笃之意乎？据此，则《连山》当是六国时

---

① 熊十力：《乾坤衍》第3页，上海书店出版社2008年3月版。
② 熊十力：《乾坤衍》第57页，上海书店出版社2008年3月版。

道家之徒所伪造,而诡称《夏易》耳。"根据郑玄《礼记·礼运篇》注中的"殷,阴阳之书,存者有《归藏》"一语,以及老子的"深藏若虚"一语,熊先生判断:"窃意《归藏》一书,当是六国时阴阳家或道家之徒所杂集。……《归藏》巨大之册,其所杂录极宽博,不必出于一时或一人,汉人或有增益。"①

否定了夏易、殷易的存在,否定了周文王作《易》的可能性,孔子直接伏羲八卦而作六十四卦的《周易》,似乎顺理成章了。熊先生对孔子创作《周易》作了这样一番描述:"孔子读伏羲之卦爻,乃返而体会之于自己仰观俯察、远取诸物、近取诸身之无数经验,豁然洞彻宇宙万有变动不居而无轨则,且深穷万有之元。于是依伏羲卦爻,创作《周易》。其于每卦系以辞,是为作《系》。其于每卦必为之辞,以断定此一卦所含纷然众义之条理与纲要,是为作《彖》。他可类推。"②也就是说,孔子不仅作《周易》,即为每卦每爻系之于辞,同时也为进一步揭示卦象卦辞的义理而写作了《彖辞》《系辞》等文字。熊先生认为,这种经、传并作的写作方式,不仅《周易》《易传》如此,其他几部儒家经典皆如此:"孔子《六经》之制作,其体裁特妙。每一经皆分为经和传。经,提纲要,其文字简括。(简者,简而不繁。括者,包括多义。)传者,依经而作,详说其

---

①　熊十力:《乾坤衍》第101、102页,上海书店出版社2008年3月版。
②　熊十力:《乾坤衍》第70页,上海书店出版社2008年3月版。

义,期无遗漏。其文不容略也。如《易经》,其每一卦之卦辞、爻辞,皆经也。《象传》《象传》等,皆传也。至于《易大传》,一名《系辞传》,其文较繁,体式又变,后人作传者,鲜不取法于此。"①为了将《周易》经、传皆定为孔子所作,熊先生将其他五经的经及其释辞都说成是孔子之制作,这就更显失实了。他的另一番话,暴露了经、传合一的"《六经》之制作"决非孔子所为:"(司马)谈言《六经》各有经传,合计其部数则有千万数之多,可谓盛极矣。"②

部数以千万数计的《六经》经、传,怎么可能是晚年的孔子之制作?在先秦古籍中,只有后期墨家的代表作《墨经》,其《经》与释经之《说》是同时期的制作,因而《墨经》所包含的《经上》《经说上》《经下》《经说下》四篇文字,自问世之后始终作为一部完整之作流传于世。而《周易》与《易传》,因非一人之作,且前后相距甚远,经与传的义理并非完全相合(用宋人朱熹的话来说:《周易》是"文王之易",《易传》是"孔子之易")。地下出土的多处先秦竹简表明,在战国时期,人们还并没有将《周易》与《易传》一视同仁(甚至《易传》在战国早、中期是否形成一个系统还是疑问)。所以,无论是郭店楚墓竹简中的《周易》,还是上海博物馆收藏的楚竹书《周易》,都只有经文而无传文。甚至在安徽阜阳的西汉淮阴侯墓出土

①②　熊十力:《乾坤衍》第15页,上海书店出版社2008年3月版。

的《周易》竹简,经文字数多达三千一百十九字,却无《易传》。这些可以说明,孔子同时制作《周易》和《易传》的可能性并不存在。《周易》与《易传》并存的情况,最早见于马王堆汉墓帛书中,但是不全,仅有《系辞》一篇,却有孔子向其弟子讲述《周易》的《二三子问》《易之义》《要》《缪和》《昭力》等多篇文字。这又进一步表明了《周易》与《易传》非孔子同时制作的事实。

更难以理解的是,《乾坤衍》的《辨伪》篇,完全忽视了《左传》《国语》记载的二十二个筮事的存在。

在《左传》中,有十九例筮事记载;《国语》中,有三例筮事记载。在这二十二次筮事活动中,公元前 600 年之前的筮事记载有十次,其中占筮决疑的有九次,不占而直接援引《周易》中相关爻辞释疑的有一次(发生在公元前 603 年)。公元前 500 年至公元前 599 年之间的筮事记载有十一次,其中占筮决疑的有六次,不占而直接援引相关卦象或卦辞爻辞的有五次。公元前 500 年之后的占筮记载有一次,为公元前 486 年。其中,最早的一次占筮记载,在公元前 672 年,较孔子出生早 121 年。《左传·庄公二十二年》记载:陈厉公……生敬仲。其少也,周史有以《周易》见陈侯者,陈侯使筮之,遇《观》☷☴之《否》☷☰,曰:"是谓'观国之光,利用宾于王。'此其代陈有国乎? 不在此,其在异国;非此其身,在其子孙。……"在这一占筮活动中,周王朝的史官,根据变爻规则,引用《周易》的《观》卦六四爻辞"观国之光,利用宾于王",作出判断。随后,他还根据卦象说明这个爻辞的含义,证实他的论断:"坤,土也。巽,风也。乾,天也。风为天于土上,山也。有山之材而照之以天光,于是乎居土上,故曰:'观国之光,利用宾于王。'……"在二十二个筮事中,引用爻辞最多的一次,发生在公元前513年,《左传·昭公二十九年》记载史墨一口气援引了《周易》的《乾》《坤》两卦中的六个爻辞,证明古代确有龙的存在:《乾》初九的"潜龙勿用"、九二的"见龙在田"、九五的"飞龙在天"、上九的"亢龙有悔"、用九的"见群龙无首,吉"、《坤》上六的"龙战于野"。这一年,孔子年仅三十九岁。

在二十二个筮事中,有二十个筮事引用了《周易》中的卦象爻象或卦辞爻辞,引用的这些卦辞爻辞,与流行至今的《周易》相同。

另有两个筮事,所引用的《易经》并不是今本《周易》。一例发生于公元前645年:

　　《左传·僖公十五年》:秋……秦伯伐晋,卜徒父筮之,吉。涉河,侯车败,诘之,对曰"乃大吉也。三败必获晋君,其卦遇《蛊》☶,曰:'千乘三去,三去之余,获其雄狐。'……"

卜徒父引用的《蛊》卦卦辞,与今本《周易》中的《蛊》卦卦辞"元亨,利涉大川;先甲三日,后甲三日",显然不一样。

另一例发生于公元前575年:

《左传·成公十六年》:晋楚遇于鄢陵,……公筮之。史曰:"吉。其卦遇《复》䷗,曰:'南国蹙,射其元王,中厥目。'国蹙王伤,不败何待!"

史官引用的《复》卦卦辞,与今本《周易》中的《复》卦卦辞"亨,出入无疾,朋来无咎,反复其道,七日来复,利有攸往"也不一样。

后人猜测,这两个筮事中的占筮者,可能使用了不同于流传本《周易》的其他古易书。

以上史料表明,远在孔子出生之前,在孔子尚未读《易》之前,我们的先人就已经熟练地运用《周易》和其他古易进行决疑解难。占筮活动中所引用的《周易》卦辞爻辞也表明,先人所使用的《周易》,就是流传至今的《周易》。熊十力先生认为《周易》只有孔子才能创作出来的想法,不符合历史,是明显的错误。当然,熊先生竭力排除《周易》之外其他古易的存在,也同样不符合历史,是错误的结论。熊先生认为今存之《周易》是被六国时的小儒窜改而称之为"伪《周易》"的说法,也同样是一个错误的判断。而公元前606年之前的九次筮事记录均为占筮决疑,公元前603年之后的十三次筮事记录中,直接援引《周易》卦象和卦辞爻辞决疑的多达六次,表明周代先人对《周易》在决疑解难中的作用,逐渐倾向于《周易》卦象、尤其卦辞爻辞义理的指导。这也正是年逾花甲之后的晚年孔子,偏重于《周易》卦爻辞中的义理体悟,以至于"读《易》,韦编三绝"的原因所在;《易传》中的多篇文字,应是他在韦编三绝之后结下的硕果。有了《易传》的阐解,再引用《周易》决疑解难,自可不必占筮了。所以,战国末期曾在稷下学宫"三为祭酒"的荀子,说出了"善为《易》者不占"①的话来。

以上文字,是针对《乾坤衍》的第一分《辨伪》所涉及的《周易》是否是五十岁时的孔子所著这一问题展开的分析。讨论这一问题,并不需要从《周易》内容入手,所涉及的分析资料,基本上都是历史材料。此前,学术界对《周易》非孔子所著的观点基本一致;自《乾坤衍》详细阐述《周易》为孔子所著的观点之后,并未见有学者专门就此作过否定分析。本文以《左传》《国语》中的二十二个筮事记载为主要依据,对《周易》非孔子所著作辨正,自以为史料可靠,论据充分,毋须赘言。至于《易传》为孔子所著,因非本文讨论内容,故未作分析。当然,《易传》为孔子所作,不是熊先生一人之见。在《易传》的一些篇章中,因为有"子曰"行文样式,易学界许多学者认为《易传》系孔子所作。但是,也有一些学者认为,《易传》

① 荀子:《荀子·大略》第309页,上海人民出版社1974年7月版。

并非孔子所作,如著名易学家李镜池说:"我们可以肯定地说,《易传》不是孔子作的。"①上世纪七十年代以来,田野考古发现的一些简、帛,涉及与《易传》内容相关的文字,表明《易传》来源多方,且与孔子思想密切相关。因本文是关于孔子是否为《周易》作者的分析,所以,即便学术价值珍贵,这些与《易传》相关的新材料的介绍与讨论,就不得不排除出本文视野。

二、《乾》、《坤》两卦属性关系辨正

既名《乾坤衍》,何谓《乾》、何谓《坤》,《乾》与《坤》之间是什么关系,熊十力先生自是要作个说明,有个界定。在熊先生眼里,在"伪《周易》"中,只有《乾》《坤》两《彖辞》"未变原经真象"。通过深研《乾》《坤》两《彖辞》,比较其他传文,熊先生认识到"圣人所谓乾者,乃生命、心灵之都称耳(都,犹总也)。圣人所谓坤者,乃物质、能力之总名耳。"②这样,乾、坤之间的关系,就是精神与物质的关系。果真如此吗? 否。

1. 卦的由来

《周易》中的八经卦、六十四重卦的由来,在熊十力先生

---

① 李镜池:《周易探源·序》,中华书局,1978年3月版。
② 熊十力:《乾坤衍》第120页,上海书店出版社2008年3月版。

写作《乾坤衍》的上世纪五十年代末、六十年代初，人们的认识还很困惑。郭沫若先生猜测构成卦体的两个基本符号即阳爻和阴爻，可能是男根和女阴的抽象："八卦的根柢我们很鲜明地可以看出是古代生殖器崇拜的孑遗。画一以象男根，分而为二以象女阴，所以由此而演出男女、父母、阴阳、刚柔、天地的观念。"①八卦的卦象，可能是由相应文字演变而成，例如《坎》卦卦象是"水"字的横摆。在青铜器上偶或发现的类似文字又不是文字的"奇字"，郭沫若先生则猜测是一种"族徽"。在熊先生写作《乾坤衍》的十几年之后，张政烺先生将收集到的被郭沫若先生称为"奇字"的几十个数字组进行了整理，将阳爻替代其中的奇数、阴爻替代其中的偶数，便成为了一个个经卦或重卦。通过对数字出现的多少，张政烺先生认为后来易卦中的阴、阳爻画，应是奇、偶数不断归类的结果，遂将这些由数字组合成的"奇字"取了一个名字：数字卦。

数字卦的发现，为久争不决的《周易》卦象来源找到了根据。然而新的问题又随之产生。目前收集到的时间最早的数字卦，是江苏省海安县青墩遗址出土的骨角栖和鹿角枝上所刻的八个数字卦。这些属于新石器时代文化的卦体，分别由一、二、三、四、五、六、七、八这些数字组成。这些由六个数

---

① 郭沫若：《〈周易〉时代的社会生活》，载《郭沫若全集·历史编卷一》，人民出版社 1982 年版。

字成一组的数字卦,应该是先人的占筮记录,但是,由于数字尚未经归类抽象,此时应该还不存在阳爻阴爻,尚未形成符号卦体。这个时代的占筮方式,是六次演算为一个过程,形成了六个数字一组的数字卦。而新石器中后期的伏羲创八卦,应该就是在这类占筮的基础上抽象形成的结果。但是,既然已经有了六个数字为一组的数字卦,后来的伏羲为什么创造的却是三个符号为一组的八卦呢? 在远古时代,究竟先有三爻一组的八卦(经卦),还是先有六爻一组的重卦,是数字卦带给易学界的一个困惑。《易经》中以阳爻、阴爻构建而成的八经卦、六十四重卦,都源自占筮结果的数字卦,则应该是一个比较靠得住的结论。

2.《乾》、《坤》两卦的属性

乾、坤是什么? 熊先生在《乾坤衍》的《广义》篇中这样表述:"圣人所谓乾者,乃生命、心灵之都称耳。圣人所谓坤者,乃物质、能力之总名耳。"接着又进一步解释乾阳坤阴的原因:"生命、心灵,有刚健、照明等性,是谓阳性。物质、能力有柔退、迷暗等性,是谓阴性。"又化为具体说:"人之生也,禀乾(生命心灵)以成其性,禀坤(质与能)以成其形。阴阳性异,而乾坤非两物。"①

---

① 熊十力:《乾坤衍》第 123 页,上海书店出版社 2008 年 3 月版。

熊先生所谓的"圣人",自然是孔子。然而在同样认为可能出自孔子之手的《易传》中,关于乾、坤的代表性事物及其属性的叙述,并不能得出上述那样的结论。

六爻重卦的《乾》与《坤》,是由三爻一组的乾与坤两个经卦分别相重而成。重卦的代表物及其属性,由相重的经卦决定。在《易传》的《说卦》篇中,对经卦乾、坤的象征对象作了这样一些说明:"乾为马。坤为牛。""乾为首。坤为腹。""乾,天也,故称乎父。坤,地也,故称乎母。"这三条,都是在某一特定的语境范围内对八卦所象征物的说明。而下面这两段文字,则是对乾与坤的所有象征物的汇总:"乾为天,为圆,为君,为父,为玉,为金,为寒,为冰,为大赤,为良马,为老马,为瘠马,为驳马,为木果。""坤为地,为母,为釜,为吝啬,为均,为子母牛,为大舆,为文,为众,为柄,其于地也为黑。"十几种象征对象中,有些在成系统的八卦象征物中找到对应的位置,大多则无法一一对号入座。且各经卦所象征对象的数量不尽一致。例如,乾的象征对象列举了十四种,坤的象征对象列举了十二种。在八经卦中,列举象征对象最多的是坎,有二十种之多。在先人看来,同一经卦的象征对象属于同一类事物,有相同的属性。例如,"乾,健也。坤,顺也。"乾所象征的十四种对象,具有"健"这一属性;坤所象征的十二种对象,具有"顺"这一属性。当属性为健的经卦乾相重为六个阳爻的《乾》后,其属性便是健而又健,所以它的《象辞》释曰:

"天行健,君子以自强不息。"当属性为顺的经卦坤相重为六个阴爻的《坤》后,其属性便是顺而又顺,所以它的《象辞》释曰:"地势坤,君子以厚德载物。"自强不息,是健之属性的表达;厚德载物,是顺之属性的表达。

以言明象的卦辞,是揭示卦象属性的文字。《乾》卦卦辞"元,亨,利,贞",就是对《乾》的内涵属性的一种揭示。《易传》的《文言》篇解释说:"'元'者善之长也,'亨'者嘉之会也,'利'者义之和也,'贞'者事之干也。君子体仁足以长人,嘉会足以合礼,利物足以和义,贞固足以干事。"即儒家所谓的君子四德:仁、礼、义、正。《文言》中的这一番解释,源自《左传·襄公九年》的那次占筮活动中,鲁成公的母亲穆姜对《随》的卦辞"元亨利贞"的解释。这一次占筮活动,发生在公元前564年,孔子尚未出生。当然,穆姜这位才女解读"元,亨,利,贞"的这番言语,很有可能也是引用了前人或别种《易经》的传文。晚年的孔子在给学生讲解《乾》卦卦辞时,引用了穆姜这番释言,成为了《文言》的内容。由此可见,《易传》中的很多文字,应该是孔子之前一代又一代先人的读《易》体会,而非孔子一人的智慧结晶。

《易传》及《易传》之前的先人将《乾》卦卦辞作"君子四德"的解释,在尔后的儒家群体内获得了普遍认同,但是也有不以为然的,例如宋代的朱熹,就认为《易传》的这种解释曲解了《乾》的卦辞本义:"文王本说'元亨利贞'为大亨利正,夫子以为四德。"①《乾》的卦辞"元亨利贞"是告诉占得此卦的人：所问之事能"大亨"，前提是必须行正道之事。孔子却将四字断开："元、亨、利、贞"，解释为《乾》的四个属性。所以，朱熹将《易传》称为"孔子之《易》"，与《周易》的"文王之易"加以区别。

《坤》卦的卦辞"元，亨，利，牝马之贞。君子有攸往，先迷，后得，主利。西南得朋，东北丧朋。安贞，吉。"是对《坤》卦属性"顺"的具体揭示。该卦辞用多个形象生动的譬喻，对"顺"这一属性作出了具体的展示。第一个譬喻"牝马之贞"，强调《坤》之"贞"不同于《乾》之"贞"，而是柔顺的雌马的那种"贞"。第二个譬喻"君子有攸往，先迷，后得，主利"，两人前行，走在前面会迷失方向，随后走才会有所得，有利自身发展。含义同样是"顺"。第三个譬喻"西南得朋，东北丧朋"，是按文王八卦方位出的譬喻：西南为坤，东北为艮。坤为地为土，性柔顺；艮为山为石，性刚硬。交朋友，宜柔不宜刚。三个譬喻表达同一意义：利于柔顺。"安贞，吉"是断辞，其意为安于"牝马之贞"则"吉"。正是有了安于柔顺这一基本品性，《坤》才能如同大地一样焕发"厚德载物"的精神。《坤》卦卦辞中的这三个并列的譬喻，目的在反复阐释坤的"柔顺"属性。

---

① 朱熹：《朱子语类》卷第六十八，中华书局 1986 年 3 月版。

从以上分析可以看到,乾与坤分别代表着"健"与"顺"两种不同的属性,它们在不同的语境中,分别象征天与地、或父与母、或马与牛等具体的事物对象。《乾坤衍》所说的"生命心灵"与"物质能力"这两种听起来颇为玄乎的属性,甚至于一为精神、一为物质的很抽象的范畴类概念,与《乾》卦卦辞"元亨利贞"和《坤》卦卦辞中的三个并列譬喻,对不上号,挂不上钩。

3.《乾》《坤》两卦的关系

《乾》《坤》两卦的属性认知,直接关系到这两卦关系的确定。熊十力先生从"乾为性、灵,其德刚健、照明。坤为质、能,其性柔暗"的认知出发,推导出了"乾统坤、坤承乾"的关系。[①]进而得出了"二卦虽别其名,实则当作一卦看"[②]的结论。这一逻辑链中,不免有脱轨之嫌。

且抛却性灵、质能这两个难以说清楚的所谓属性,用最简单的方法,将具有刚健与柔顺的两种对象物作比较分析,大致可以明白两卦之间的关系。一为天与地。天之道即《象辞》说的"天行健",天的精神即"自强不息";地之道即《象辞》说的"地势坤",地的精神即"厚德载物"。在现实世界里,天

---

① 熊十力:《乾坤衍》第 229 页,上海书店出版社 2008 年 3 月版。
② 熊十力:《乾坤衍》第 249 页,上海书店出版社 2008 年 3 月版。

的作用是风调雨顺,地的作用是存载万物。天气能否风调雨顺,决定地上万物的兴衰旺灭。"制天命而用之"即把握自然规律、自觉地顺应自然规律为我所用,成为人类积极进取的最优选择。这也是《周易》将象征天的《乾》作为首卦、象征地的《坤》作为次卦的原因。天、地生万物,缺一不可。但是天为主、地为辅的关系,也是一种客观存在。所以,"靠天吃饭"成为人类共识。在"夫为妻纲"的古代社会中,孩子是母亲生育的,但是父亲对孩子的能否健康成长,却有着更重要的作用,即便是家庭教育,也是父亲承担主要责任,所以有"养不教,父之过"的共识。在家庭生活中,父为主、母为辅的格局,同样是古代社会中的一种客观存在。现实生活中的这种阴阳关系、刚健柔顺关系、主从关系,正是《周易》中的《乾》《坤》两卦关系的具体展开。

天、地生物,缺一不可;父、母生子,缺一不可。不能因为同一世界,就可以天、地不分;不能因为同一家庭,就父、母不分。天、地组成了一个最大的共同体,父、母组成了一个最小的社会细胞。但是,天与地,父与母,都有质的规定性,不能混为一谈,更不是如熊先生说的"二卦虽别其名,实则当作一卦看",成了两名一实的关系。熊先生告诫他人:"乾坤本不是各各独立之两物,学者宜识此意。"①无疑忽视了事物还有

---

① 熊十力:《乾坤衍》第249页,上海书店出版社2008年3月版。

质的规定性。

从具体对象上升到类的层面,《乾》《坤》各自代表的类属性也是十分明确的:刚健与柔顺。虽然,具有刚健属性的事物在一定条件下可以向柔顺方面转化,反之亦然,但是,这种有条件的转化并不能否定两种不同属性之间的区别。正是这种类属性的不同,《周易》不仅有代表刚毅的《乾》和代表柔顺的《坤》,还有各自代表其他类属性的六十二个卦。正是这种类属性的具体展开,《周易》六十四卦将世间万物包括天地,尽收囊中。

以《乾》《坤》开端的《周易》六十四卦,既有各自的独立性,又有相互之间的关联性。《易传》的《序卦》篇,便是对六十四卦相互关系的系统解释。正是相互之间的关联性,它们又可以在一定条件下发生转化。人们对卦与卦之间的转化分析,往往发生在占筮活动中遇到"变爻"情况下的决疑之时。包括《乾》《坤》在内的卦与卦之间的属性关系,其区别和关系是那么地清楚,熊十力先生却要将二卦当作一卦看,实在难以理解。

三、《乾》《坤》爻辞释义辨正

在《周易》六十四卦中,爻辞是卦辞的具体展开,是该卦属性在每一个发展阶段的具体表达。《乾坤衍》按照对《乾》《坤》两卦属性的认知,熊先生在《自序》中对爻辞的义理展开了富有特色的"引申而长之,触类而通之"的分析。由于在两卦属性的认知上存在问题,所以《乾坤衍》对两卦的爻辞所进行的"推演开扩",就不可避免地出现了与传统释义迥异的局面;推演开扩到最后,完全脱离了两卦所象征的"健"与"顺"这两项最基本的属性。

1.《乾》爻辞辨正

对《乾》卦的爻辞义理推演,熊十力先生首先是在"乾为心灵"、"是万物的生命"的背景下展开:"生物未出现以前,乾道潜伏于物质层,即生命、心灵不获发出。故以'潜能(龙)'隐于地下为譬,此初爻之微旨也。……二爻,'见龙在田'之象,则以龙潜伏而出见于地面。比喻生物初出现,生命即从闭塞的物质层骤然出潜而著明也。三爻,则以人之成为君子者,犹如龙有健德。故以此比喻生命、心灵,从物质层破除固闭而出,惟奋战乃可成功,是以乾乾。乾乾者,健而又健,奋战之谓也。四爻,'或跃在渊'之象,则以生命之跃进,亦不无障碍。譬如欲高跃乎天,而又退处乎渊。……即欲跃而仍在渊之象。五爻,'飞龙在天',则以譬喻生命力之飞跃达于最高度,即在人类出现之时。人类能以自力发展其生命、心灵而扩大之,故有飞跃在天之象。六爻居上,不复言生命者,则以生命无穷尽故也。"①

---

① 熊十力:《乾坤衍》第196、197页,上海书店出版社2008年3月版。

无论文王还是孔子,对《乾》卦六爻所出之意,恐怕都不是关于生命由隐而显、由显而盛的揭示。

　　熊先生释义中的最大缺失,是对于各爻辞中的断辞的忽略。实际上,六个爻辞中的断辞,恰恰是该爻所含义理的灵魂。灵魂不在,心灵乌有? 作为积聚力量的初始阶段,初爻的重心不在"潜",而在"勿用":力量积而不用,才能越积越厚;"潜"是一种状态,"勿用"是一种智慧。二爻仍处积累期,虽已成为在田的"见龙",仍须放低姿态,争取一切可以资助的力量;"见龙在田"只是一种状态,"利见大人"才是有效工夫。三、四两爻处于奋斗期,为什么都能"无咎"? 三爻"终日乾乾"是本分,"夕惕若厉"才是不犯错的保证。四爻位高而能作"或跃在渊"即如临深渊之想,高位而仍保持头脑清醒,难能可贵。两个"无咎",引人深思。五爻的"飞龙在天"也只是一种状态,"利见大人"才是一种智慧和艺术;不是"飞龙"给别人好处,而是聚贤用能给"飞龙"带来好处。六爻中的"亢龙"同样是一种状态,"有悔"才难能可贵。总之,《乾》的六爻辞展示了"自强不息"的天道精神,六个断辞更蕴含了先人的深邃智慧,岂是生命由隐而显这样的简单描述所能展示?

　　《乾坤衍》认为,儒家《六经》,仅《礼运·大同篇》《周官》及《公羊何注》之三世义及《乾》《坤》两象辞是孔子五十岁以后之作,其他文字,都已被战国时及汉代的"小儒"、"奴儒"窜改而面目全非。于是,熊十力先生又从《礼运》《周官》、公羊《春秋》三世义中,衍化出《乾》六爻辞的如下一番解释之辞:"《乾卦》初爻,'潜龙'之象,表示庶民久受统治阶层之压迫,处卑而无可动作。故以'潜龙勿用'为譬。二爻,'见龙在田',则以庶民因先觉之领导,群起而行革命之事。如龙出潜,而见于地面。三爻,'终日乾乾',言君子志乎革命大业,必自持以健而又健,不忘惕厉。四爻,'或跃在渊',此言举大业者屡经胜败,或跃而上天,或退坠在渊,此皆势所必有。五爻,'飞龙在天',则以革命从艰难中飞跃成功,统治阶级消灭,一国之庶民从此互相联合,共为其国之主人;天下之庶民亦必互相联合,同声相应,同气相求,群起而担荷天下平之重任。"对《乾》卦的"用九,群龙无首,吉",熊先生同样充满激情地作了这样一番解释:"全人类无有一个不是健者,即人人各各自主自治,而未尝不同群合作;人人各各自由,而未尝不各循规矩;人人皆务变化日新,而无或偷安守故。至此,则人类一齐纯健,都不需要领导,亦无敢以领导者自居。……及天下庶民飞跃进上,达乎全人类纯健之极顶,领导自然消失,是乃真正无首也。"①

且不论熊十力先生一方面认为《周易》中的卦辞爻辞曾被"小儒"、"奴儒"窜改得面目全非,另一方面又原封不动地

---

① 熊十力:《乾坤衍》第217、218页,上海书店出版社2008年3月版。

引用《乾》卦的六个爻辞及"用九"之辞阐释孔子的"革命思想",是多么的自语相违。如此旗帜鲜明地站在庶民的立场上,欢呼庶民消灭统治阶级的胜利,绘画自由平等的蓝图,这是那位痛心疾首"礼崩乐坏"、一心要"克己复礼"的孔子所思所想吗?显然不是。即便到了真正的晚年,经历了十几年不间断的周游列国,孔子被鲁国执政者季孙肥礼迎回国之后,面对季孙肥顺应时代进步的趋势,要"用田赋"重新修订按田亩征用赋税的政策,孔子明确投了反对票。可见孔子是一位不跟时代潮流、自始至终坚持周朝旧制的人,决不是鼓动庶民闹革命、建立自由平等新世界的先进文化代表人。

何况,《周易》的作者是周文王,志在推翻殷纣王朝的新的"天子",代表的是另一个新兴部落的贵族阶级。他著作《周易》的目的,是为即将建立的新王朝提供一个治天下的大纲,在《乾》卦六爻中所表达的是如何做一个胸怀大志、永葆自强不息精神的君子。六个爻,依次代表着人生发展的三个时期。初九、九二为力量积聚时期,九三、九四为事业奋斗时期,九五、上九为功成名就时期。每个时期都有一个特点。第一时期的特点在"忍":"潜"是状态,"不用"是智慧;"见龙在田"是状态,"利见大人"是智慧。表达了同一时期不同阶段的两种"忍"的方式。第二时期的特点在"忧",即所谓的忧患意识:"夕惕若厉"是忧,"或跃在渊"也是忧,且是更大的忧。因为在奋斗且事业有成的不同阶段均保持忧患意识,所以能够一路"无咎"。第三时期的特点在"悔":"飞龙在天"需要悔,才能博采众长飞得高;"亢龙"更需要"有悔",才能虚怀若谷行得远。

"用九"中的"群龙无首",是对《乾》卦六个阳爻关系的例说:无论初爻还是上爻代表的都是龙;无论潜龙还是飞龙,都是处在不同发展状态的龙,"潜龙"潜力无限,"见龙"横空出世,飞龙大展身手,亢龙居高思危,各有空间、各自表达,本质上是平等的。有平等意识,保持平等关系,人际和谐、社会安定就不只是愿望。

《乾》卦的爻辞蕴含的这许多智慧,才是《乾》卦成为《周易》总纲而能历久弥新的根本原因。

2.《坤》爻辞辨正

《坤》卦的六个爻辞,是卦辞内涵的具体展开,是《坤》的柔顺属性在不同发展阶段的具体表达。《乾坤衍》一方面认为坤之性,"柔顺为本","坤以柔顺之德,承乾而与之合一,不敢背乾而妄自逞"。[1]在释义卦辞"先迷后得主利"时,将句读断为"先迷,后得主,利",然后言道:"若居后以顺承乾,则得乾为己之主,将无往不利。"[2]虽与程颐等先儒的断句有所不

---

[1]　熊十力:《乾坤衍》第 228 页,上海书店出版社 2008 年 3 月版。
[2]　熊十力:《乾坤衍》第 230 页,上海书店出版社 2008 年 3 月版。

同,但与已往学者的释义基本一致,符合坤之性为柔顺的本义。

然而,在具体释义爻辞时,原本柔顺的坤,却被赋予了抗争、革命的属性。六个爻辞,《乾坤衍》只取言简意丰的六五爻辞作解:"黄者,中色。古代天子之衣,其色黄。裳者,服之施于下体者也。裳而黄色,则是下民起而夺天下之权与位,用天子之服色。盖古代以天下最大多数之人民,皆卑微至极,名之曰下民,故取裳为人民卑下之象。而下民用天子之服色,则是下民群起革命,废除天子制度,消灭统治阶级。下民一齐伸出头来,共主天下事。而过去天子之权与位,今为大众所共有,故取黄裳之象也。元吉,犹大吉也。"①

能否将"黄裳"推演开拓为"下民群起革命,废除天子制度,消灭统治阶级"的含义呢? 显然不妥。坤的属性既是柔顺,连走在乾的前面都会迷失方向,交朋友都宜柔不宜刚,怎么可能有群起革命、推倒上层这种脱离原有属性的暴力事情发生。

用"黄裳"譬喻六五爻象,意在表达位尊而柔顺之道。中国传统文化中将红、黑、青、白、黄五种颜色称为"正色",五色方位分别为:南红北黑东青西白而黄色居中。"黄裳"位尊色显而处下,与阴爻居阳位的六五属性相合,所以,宋代学者朱

---

① 熊十力:《乾坤衍》第219页,上海书店出版社2008年3月版。

熹一言蔽之:"'黄裳元吉',不过是在上之人而能柔顺之道。"①体现了"牝马之贞"的坤道在六五高位时所展现的柔顺之性。

《乾坤衍》并没有如同释义《乾》的六爻辞那样,对《坤》的六爻辞作系统的释义。除了上述对六五爻辞"黄裳"作了富于暴力革命性的释义之外,仅对初六爻辞稍作由小凝大的解读,对上六爻辞"龙战于野,其血玄黄",及用六辞"利永贞",均作了较详释义。对后两辞的释义,《乾坤衍》又回复到了《周易》本义的轨道,相继作出了坤阴顺承乾阳的解读:"坤卒以好战自败,终乃改其迷暗,而顺承乾,乾坤由是合一。"②最贴切的是对"用六"辞的解读:认为"用六"之辞乃是"总括《坤卦》六爻而断之曰:'利永贞。'""此言坤阴以顺承乾阳,为正常之道。利在永久持守此道,正而益固,不复动摇。故曰'利永贞'。"③但是,从"利永贞"的释义中,熊先生并没有意识到对六五爻辞的"黄裳"譬喻作出庶民暴力革命的解释是否妥当。

《乾坤衍》对《坤》卦爻辞的释义,缺少一以贯之的系统性,避开了对六二、六三、六四爻辞的释义,直奔六五爻辞"黄

① 朱熹:《朱子语类》卷第六十九《易五·坤》,中华书局 1986 年 3 月版。
② 熊十力:《乾坤衍》第 239 页,上海书店出版社 2008 年 3 月版。
③ 熊十力:《乾坤衍》第 244 页,上海书店出版社 2008 年 3 月版。

裳"而去,脱离了坤卦"柔顺为本"的轨道,对寓意尊而顺的"黄裳",作出了非夷所思的解读。从而扯裂了坤卦六个爻辞之间的内在联系,破坏了由初而上渐次递进的逻辑性。倘若由初六以序往上释义,由六三爻辞的"含章可贞,或从王事,无成有终",六四爻辞的"括囊,无咎无誉"一路寻绎上去,无论如何得不出"黄裳"是"下民群起革命,废除天子制度,消灭统治阶级"这样的结论,而只能得出位尊而柔顺的释义结论。

四、结　语

综上所述,《乾坤衍》的失误有三:

一是以五十岁为分界,将孔子思想划分为"小康礼教"的早年思想、"大道之行"的晚年思想,将早期儒家分为"小康"、"大道"两个学派。由此展开了对所谓小康礼教学派毁弃《六经》的讨伐批判,对所谓孔子晚年思想的歌功颂德。然而,对所谓小康礼教学派毁弃《六经》的批判,实际上并没有任何文字窜改方面的根据,因而对《六经》之中的那些小康礼教思想的批判,成为在辨伪的旗帜下对儒家经典的讨伐。这不能不引起长期以来信奉儒家经典的儒学研究者(包括熊十力先生的弟子和再传弟子)的不满甚至愤慨。

二是为了抬高孔子的历史地位,全然不顾大量可靠的公认的史料,武断地将早在孔子诞生之前至少一百多年就已经被周朝的贵族阶级普遍使用的《周易》,说成是孔子的著作,搅乱了本来已经比较清楚的早期易学史。

三是在所谓孔子"周流列国,目击上层残毒,下民困于水深火热之实感,于是不得不呼号革命,于是不得不作《六经》"的背景下,在"《易经》是思想革命之宝典"①的前提下,全然不顾两卦的本义,对《乾》《坤》两卦作了庶民反抗并推翻封建专制制度、充满革命色彩的释义,成为孔子倡导社会革命的学说,从而将"克己复礼(周礼)"为第一要务的孔子,演绎成为一个广大庶民追求自由、平等的精神领袖。《乾坤衍》的这一释义,不仅脱离了《乾》《坤》两卦的健、顺本义的轨道,而且脱离了诞生《周易》的那个时代轨道。

《周易》是周文王时代的作品;以《乾》《坤》两卦为起点的六十四卦,是周代先人对世界的认识,是指导人们行为举事、决疑解难的参考。科举制度的诞生,诸经之首的《周易》更成为每一个读书人的必读经典,尤其《乾》《坤》两卦蕴含的自强不息、厚德载物思想,融入了读书人的血液里,成为治国安邦的导向,成为"日用而不知"的精神食粮,最终汇聚成为刚柔相济的华夏民族精神。

熊十力先生被当代儒学界目为 20 世纪中国最具有原创性的哲学、思想家,因致力于"返本开新"而被称为儒学的"现

---

① 　熊十力:《乾坤衍》第 37 页,上海书店出版社 2008 年 3 月版。

代三圣"之一。同时,熊先生也是一位学术界特立独行的怪杰。他的学术思想,从上世纪三十年代初起,一开始就备受争议,众多著名学者如欧阳竟无、刘衡如、周叔迦、吕澂等,对熊先生的代表作《新唯识论》展开批评。直至六十年代初,同为"现代三圣之一"的梁漱溟先生,在编选了一册《熊著选粹》之后,还写了一篇评论文章,分析熊十力思想中的三个十分明显的缺陷:其一,对科学知识的认识不恰当;其二,主观主义色彩太重;其三,对佛教的理解有偏差(见《梁漱溟全集》第7卷第737～762页,山东人民出版社1993年版)。梁先生是熊先生的老朋友,同为现代新儒学的开拓者,他这种既欣赏熊先生思想新义又实事求是指出其缺陷的态度,正是学术界的良知、治学的本分,也正是今天学术界所缺失的品性。《乾坤衍》中的偏失,正是梁先生所分析的熊先生在治学中的三大缺陷所导致的结果。当然,其中第三个缺陷,只须将"佛教"改为"周易"即可。

我们欣赏熊十力先生富于原创性的哲学之思,同时也应关注其中的缺陷,以及由此造成的某些谬误。分析其缺陷,指出其谬误,不应视为对已逝大家的一种苛刻,而应理解为是一种建构新的更完善的中国哲学体系的需要和努力。建构新的中国哲学体系,需要一个纯净的、高质量的学术环境。

(原载《学术月刊》2018 年第 12 期)

图书在版编目(CIP)数据

易学散论/周山著.--上海:上海古籍出版社,
2021.12
ISBN 978-7-5732-0172-0

Ⅰ.①易… Ⅱ.①周… Ⅲ.①《周易》-研究 Ⅳ.
①B221.5

中国版本图书馆 CIP 数据核字(2021)第 244425 号

易学散论

周山 著

上海古籍出版社出版发行

(上海市闵行区号景路 159 弄 1-5 号 A 座 5F 邮政编码 201101)

(1) 网址:www.guji.com.cn

(2) E-mail:guji1@guji.com.cn

(3) 易文网网址:www.ewen.co

印刷 商务印书馆上海印刷有限公司印刷

开本 787×1092 1/32

印张 6.5 插页 5 字数 114,000

版次 2021 年 12 月第 1 版
      2021 年 12 月第 1 次印刷

ISBN 978-7-5732-0172-0/B·1242

定价:52.00 元

如有质量问题,请与承印公司联系